JN064221

# 組織を生きる・活かす心理学

## ——組織心理学入門——

小林 裕 著

文眞堂

# まえがき

　組織を生きる？……組織で生きる，または，組織に生きる，が正しいので
は？……日本語の使い方としてはそのとおりです。しかし，日々学校で学び，
会社で働いている人たちは，組織が単なる生活の場ではなく，チャンスとリス
クの両方を孕む経験だと感じているはずです。組織という経験を通じて，自分
の可能性に気づき，伸ばすことができるかもしれません。生き方や生きがいを
見つけることもあるでしょう。他方，「すまじきは宮仕え」，働き過ぎで心身の
病気になったり，過労死しないとも限りません。ハラスメントやイジメで自殺
する人もあとを断ちません。現代の日本人は，組織を生き，そして生き抜かね
ばならないのです。

　組織のメンバーである個人は組織を生きるだけでなく，組織を活かしてもい
ます。どんなにわずかであっても，一人一人の力が寄り集まって組織が成立・
活動しています。微力ですが無力ではありません。一人一人が組織を動かして
いるのです。しかし，単に力を寄せ集めればよいわけではありません。何百年
も存続する企業がごく一部にありますが，ほとんどの企業がその前に命を終え
ます。組織が生き残るには，多くの人々の力を調整し効率的に目標を達成する
必要があります。みんなの力をうまく活かさなければなりません。

　組織を生きる・活かす，どちらの目的にとっても，組織を構成する人間の心
理・行動を理解することが大切です。組織はそのメンバーの心理・行動にどの
ような影響を及ぼすでしょうか，逆に一人一人の心理・行動はお互いに影響し
あいながらどのように組織の存続をもたらすでしょうか。これらの疑問に答え
るのが組織心理学です。

　本書は，組織心理学の教科書です。大学の学部学生を主な対象読者としてい
ます。組織心理学は，心理学のなかでも比較的新しい分野なのであまり馴染み
がないかもしれませんが，産業心理学や応用心理学の一部だった時代を含める
とその歴史は古く，現代の心理学においても重要な位置を占めています。した
がって，心理学を体系的に学ぶ上で欠かすことができません。2017年に国家
資格となった「公認心理師」になるためにも，この分野を学ぶ必要がありま

す。本書は，組織心理学の一般的な内容をカバーしていますので，学生の皆さ
んがこの分野を理解し，知識を得る上で，十分な内容となっていると思いま
す。

　本書は，教科書であると同時に一般読者，特に現役サラリーマンの方々にも
アピールするように書かれています。組織心理学は心理学を幅広く学ぶ上で重
要ですが，同時に今現在企業などで働く人たちにとっても役に立つ実践的な意
味を持っています。組織のなかで出会う様々な問題や出来事を理解し，それに
対処する上で組織心理学は色々なヒントを与えてくれます。そのような方々に
も手にとってもらえるよう，組織心理学の一般的な考え方を説明するだけでな
く，それを使って日本の組織の特徴やそこで起きている問題の原因を探る試み
も行っています。就職活動中の学生の皆さんにとっても決して他人事ではあり
ません。学校という組織を生きてきた皆さんは，組織として見たとき日本の学
校と企業で起きている問題が通底していることに気づくでしょう。

　組織を生きる，そして活かそうするできるだけ多くの方々に本書をご一読い
ただけると幸いです。

# 目　　次

まえがき ……………………………………………………………………… i

## 第1章　組織と個人の関係とは
　　　　─組織心理学─ ……………………………………………… 1

　1．組織の時代 …………………………………………………………… 1
　2．システム論からみた組織 ………………………………………… 3
　3．組織心理学とは ……………………………………………………… 6

## 第2章　人はなぜ働くか
　　　　─仕事への動機づけ（内容理論）─ ………………………… 10

　1．仕事への動機づけとは …………………………………………… 10
　2．内容（欲求）理論 ………………………………………………… 11
　3．システム論から見た動機づけ問題 …………………………… 15

## 第3章　仕事へのやる気を左右するのは
　　　　─仕事への動機づけ（過程理論）─ ………………………… 19

　1．期待理論 ……………………………………………………………… 19
　2．目標設定理論 ………………………………………………………… 21
　3．公平理論 ……………………………………………………………… 24

## 第4章　集団の影響力
　　　　─グループダイナミクス─ ………………………………… 28

　1．心理学における集団の研究 …………………………………… 28
　2．参加の効果（1）：認知モデル ………………………………… 29

３．参加の効果（2）：動機モデル ……………………………………… 34

# 第５章　職場の人間関係が大切な理由
## ―人間関係論― ……………………………………… 37

１．ホーソン研究 ……………………………………………………… 37

２．社会―技術システム論 ………………………………………… 40

３．新人間関係論 ……………………………………………………… 42

# 第６章　個人が集団に及ぼす影響
## ―リーダーシップ― ……………………………………… 47

１．みんなの力／一人の力 ………………………………………… 47

２．リーダーシップとは ……………………………………………… 49

３．リーダーシップの発生と有効性 ……………………………… 51

# 第７章　リーダーシップを発揮するための条件とは
## ―人格特性か，行動か，状況か― ……………………………… 55

１．人格特性論 ………………………………………………………… 55

２．行動類型論 ………………………………………………………… 57

３．条件適合論 ………………………………………………………… 60

# 第８章　組織の中で人はどのように変化するか
## ―組織内キャリア― ……………………………………… 65

１．組織内キャリアとは ……………………………………………… 65

２．昇進の縦断的研究 ………………………………………………… 68

３．昇進を決める要因 ………………………………………………… 70

# 第９章　日本の会社で女性管理職が少ないのは
## ―組織内キャリアの男女格差を生む要因― ……………………… 75

１．女性の組織内キャリア …………………………………………… 75

２．男女格差をもたらす個人的要因 ……………………………… 77

　　3．男女格差をもたらす構造的要因 ……………………………… 79

　　4．組織内キャリアを伸ばすために ……………………………… 81

## 第 10 章　日本の労働者はなぜ働きすぎるか
### ―組織コミットメント― ……………………………………… 84

　　1．日本で働く人たちの労働時間 ………………………………… 84

　　2．組織コミットメント ………………………………………… 87

　　3．日本の労働者と組織コミットメント ………………………… 88

## 第 11 章　働きすぎをもたらす会社の仕組みとは
### ―日本型 HRM と労働者の心理・行動― ……………………… 93

　　1．日本型人的資源管理とは ……………………………………… 93

　　2．日本型 HRM の理論 …………………………………………… 98

　　3．日本型 HRM と組織コミットメント・集団主義的行動……… 101

## 第 12 章　どんな時仕事がしんどいと感じるか
### ―組織ストレス― ……………………………………………… 106

　　1．ストレスについての様々な見方 ……………………………… 106

　　2．組織ストレスとは ……………………………………………… 110

　　3．組織ストレスの理論 …………………………………………… 112

## 第 13 章　過労死を生み出す会社の仕組みとは
### ―日本型 HRM と組織ストレス― ……………………………… 117

　　1．日本型 HRM と過労死・過労自殺 …………………………… 117

　　2．役割理論からのアプローチ…………………………………… 121

　　3．「職務要求―コントロール」モデルからのアプローチ ……… 124

## 第 14 章　組織で不正行為がなぜ起きるか
### ―組織性逸脱行為― …………………………………………… 128

　　1．組織性逸脱行為とは …………………………………………… 128

2．組織性逸脱行為の理論 ……………………………………………………… 129

3．日本型 HRM と組織性逸脱行為 ……………………………………… 133


引用文献一覧 ……………………………………………………………… 138

索引 ……………………………………………………………………………… 145

# 第1章
# 組織と個人の関係とは

## 組織心理学

## 1. 組織の時代

　最初に下の図をご覧いただきたい。日本において，ある人々の割合が1950年代以降どのように変化したかを示したものである。三つの折れ線のうちの一つは病院などの施設で生まれた人，もう一つは病院などの施設で亡くなった人，そして三つ目は雇われて働く人の割合である。このグラフから何が読み取れるだろうか。

　まず，現代の日本においては，ほとんどの人が病院などの施設で生まれ，亡くなっていることである。そして，ほとんどの人が雇われて働いていることである。雇われて働く先は会社，団体，官公庁などであるから，現代日本では，

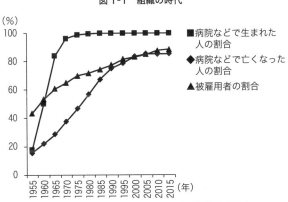

図1-1　組織の時代

出所：厚生労働省「人口動態調査」，総務省「労働力調査」。

多くの人が生まれてから死ぬまで，つまり一生にわたって組織のお世話になっているということになる。そして，もう一つ，そのような状況になったのがごく最近だということである。つい50年くらい前まで，生まれ，死に，働く場所のほとんどが家（家庭，家族）の中だったのである。日本社会は一気に組織の時代になったといえよう。

　現代社会を一言で表す言葉として，ネット社会，IT社会，格差社会，などがよく知られているが，「組織」社会であることはあまり注目されていない。しかし，現代日本を組織の時代，組織社会と捉えることは，今を生きる日本人の心理・行動を理解し，対処する上でとても重要である。

　それでは，組織とは何だろう。よく聞く言葉だし，わかっているような気もするが，改めて問われるとすぐには答えられないかもしれない。まず，組織の例として思い浮かぶものを挙げてみよう……さきほどの例のように，病院，企業，役所もそうだし，軍隊，学校，NPO……などもそうだ。それでは，それらに共通するものは何だろうか。

　一つは，そのなかで多くの人間が日々活動していること，二つ目は，それらの活動には共通の目標があること，そして三つ目は活動がお互いの間で調整されていることである。つまり，組織は複数の人間の活動を共通の目標に向けて調整する仕組みである。また，そのような仕組みがしっかり備わっている集団を組織と呼ぶこともできる。参考までに，辞典で調べると「特定の（諸）目標を達成するために，諸個人および専門分化した諸集団の活動を動員し，統制するシステム」または「形式化され整備された組織を持つ集団」と定義されている（社会学小辞典，1977）。

　では，家族は組織だろうか。複数の人間が生活をともにし，協力したり活動したりしているから組織のようにも見えるし，そういう考え方もある。しかし，家族や地域社会などの伝統的な集団は，一般に共同体という名前で呼ばれ，組織と区別される。それはなぜか。共通の目標がないということだろうか。確かに，家族は企業のように経済的な利益をあげるという明確な目標を持っているわけでない。しかし，家族で自営業をしている場合は利益が目標になるし，子育て・教育，医療・介護，衣食住の維持などいくつかの目標を持っているとも言える。組織については，目標を達成するための仕組みという見方

だけでなく，集団を維持・存続するための仕組み（自然システム）という見方もあるので，後者の見方からすれば，目標がなくても家族を組織と見ることができる。つまり，目標の有無で組織と家族を区別することはできない。言い換えれば，組織の定義において目標は必須でない。それでは，組織とそれ以外のシステムを区別する本質的な違いは何だろう。

## 2. システム論からみた組織

ここでは，少し遠回りになるが，ルーマン（Luhmann, 1964; 1968）のシステム論を参考にしながら考えてみよう。

普通，システムは相互に関係しあう要素からなる全体，と定義されている。図1-2で，bとcはシステムだが，aはシステムでない。

しかし，ルーマンは，要素間の関係というシステムの内側だけでなく，外側にも目を向けるべきだという。内側があるのは外側があるからであり，その間に何らかの「差」があるからである。外側と内側の「差」をつくり出し，維持するものがシステムである。では，そこには何の「差」があるのか，それは秩序の「差」である。外側の世界を環境と呼ぶとすれば，環境が複雑・不規則・予測不可能なのに対し，システムの内側はより単純・規則的・予測可能なのである。外の世界と区別された内部の秩序が，相互に関係しあう要素からなる全体という形をとるのである。

このようなシステムにはいくつかの種類がある。一つはモノのシステムであ

図1-2　要素とシステム

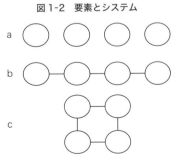

出所：Bertalanffy (1968), 長野・太田訳, 1973, p.50, 図 3.1 を元に著者作成。

る。石，自動車，生命体などは，分子・部品・器官などの要素が一定の規則的な関係をもって維持され，環境と区別されて存在している。人間も生命体としてみればモノのシステムである。もう一つはコトのシステム，つまり行為のシステムである。なかでも，一人の人間の複数の行為が相互に関係づけられ，まとまりとして維持されている場合，パーソナリティシステムが成立する（図1-3：左）。逆に，重度の精神障害のように，行為相互の関係が不明確になり，まとまりがなくなれば，生命体としてのシステムは維持されていてもパーソナリティシステムは崩壊することになる。

　他方，複数の人間の行為が相互に関係づけられ，まとまりが見られる場合が社会システムである（図1-3：右）。友達同士のおしゃべりが一例である。ただし，そのような社会システムは一時的，不安定なものなので簡単に消滅する。他方，企業のような社会システムは，人間の数は多くても，お互いの活動がしっかり関係づけられ，明確な秩序が形成されているので，安定している。

　組織とは，社会システムのなかの公式化されている部分を指す。公式化とは，企業の例で言えば，活動内容や活動相互の関係が規則やマニュアルなどで明確に決められており，メンバー全員が知り得る，誰でもわかる状態にあることを言う。組織のメンバーになるということは公式化された部分を受け入れなければならないし，受け入れなければ退出を余儀なくされる。受け入れる人がいれば誰でもよいのである。この定義からすると，家族はメンバーの活動やその相互の関係が公式化されておらず，公式化を受け入れるかどうかが入退出の条件になっていないので，組織とは呼べない。家族のメンバーは，いつでも交

図1-3　行為のシステム

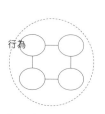
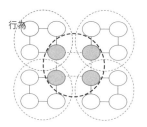

パーソナリティシステム　　　　　　社会システム

出所：著者作成。

換可能な「誰でもよい人」ではない。

　そして，社会システムのうち公式化された部分が多い場合，そのシステムは組織化されている，と言う。社会システムを組織化すると，秩序が形成・維持されるので，システムやその働きが安定する。企業では製品やサービスが計画的・効率的に生産・提供され，激変し不確実な環境のなかで企業自身の存続が図られる。

　とはいえ，社会システムのすべてを公式化することはできないし，公式化はよいことばかりではない。規則とマニュアルでがんじがらめになった集団を想像してみればわかるであろう。そこでは公式化と引き換えに負の副産物が生まれる。組織にとって公式化のメリットとデメリットのバランスを取ることが根本的な課題である。

　それでは，公式化された社会システムとしての組織と人間はどんな関係にあるだろうか。まず，組織とそのメンバーである人間の関係を図で描いてみよう。多くの人は，組織のなかに人間が含まれている，つまり人間は組織の一部である，と考えるであろう（図1-4：左）。しかし，人間は組織にまるごと飲み込まれているのだろうか。組織を社会システムの一種と考えた場合，その維持に多くの人間の活動が関わっているとはいえ，それぞれの人間からみればその活動は自らの活動の一部でしかない（図1-4：右）。

　人間が組織のメンバーになるということは，人間からみれば活動を組織に提供することによって生命・パーソナリティシステムを維持し，組織の側からみれば提供された活動によって社会システムを維持することを意味する。その活動を通じてどちらか（または，両方）のシステムの維持ができなくなれば，人

図1-4　組織と人間の関係

組織のイメージ（1）

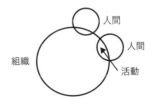

組織のイメージ（2）

出所：著者作成。

間は組織を離れ，メンバーでなくなる。つまり，人間が組織のメンバーになるということは，人間と組織という二つのシステムがお互いの環境の側にあるシステムに適応した結果なのであり，組織が個人を完全に取り込んでコントロールすることではない。また，メンバーになっても，提供された活動のすべてが公式化されるわけではないので，その点でも人間には自由が残されており，そこでも組織と人間の間の相互適応の余地がある。つまり，組織とメンバーはお互いのシステムにとって環境の側にあり，お互いに適応しあう関係にある。

## 3．組織心理学とは

　組織心理学は，組織における人間の心理・行動を研究する心理学の一分野である。組織の管理・運営の科学である経営学は，組織そのものの行動や振る舞いをマクロな組織行動，組織のメンバーである人間の行動をミクロな組織行動と呼んで区別するので，後者のミクロ組織行動論は組織心理学の内容とほぼ一致する。

　組織における人間の心理・行動に関する研究は，心理学の歴史のなかでも比較的早く，20世紀の初めに産業心理学という名前で始まった。当時の主な研究テーマは，特定の職業や仕事に最適な人をどのように選抜するか，能率を高めるにはどのように仕事環境を整備すればよいか，広告や宣伝の効果を高めるにはどうしたらよいか，という三つで，これらはその後人事心理学，人間工学，消費者心理学へとそれぞれ発展していった。

　組織心理学が成立するのは，1960年代後半のアメリカである。この頃に組織心理学という名前の本や組織行動に関する専門雑誌が発刊されている。日本でも組織心理学関係の本が1970年代から出始めたが，専門学会（産業・組織心理学会）が創設されたのが1985年なので，組織心理学の成立はアメリカより少し遅い。いずれにしても，この時期に組織心理学が成立した背景には，社会が「組織の時代」に突入し，組織とそのメンバーである人間の心理・行動に対する関心が高まったことが挙げられるだろう。

　組織心理学が心理学の一分野として独立したもう一つの背景は，古くからある産業心理学への不満と批判であった。産業心理学は，適性検査の例に見られ

るように人間の個人差を測定して職務にあてはめたり，人間の特性や能力に仕事環境を合わせたりするための適合（fit）の技術を発展させたものの，複雑な社会システムとしての組織という視点を欠いており，人間と組織が相互に影響を及ぼしあって変化することを考慮していない，というのである。前述のように，ルーマンのシステム論でも，組織と人間というシステムがお互いに適応しあう関係にあるとされている。そのような見方からすると，組織心理学は，組織と個人のダイナミックな影響関係をメンバーの心理・行動に焦点をあてて研究する心理学の一分野であると言えよう。

　組織とそのメンバーである個人の相互影響の関係は図 1-5 のようになる。まず，組織は，人的資源管理システムと組織風土を通じて個人の心理・行動に影響を与える。人的資源管理システムは公式化された諸制度から構成されているが，組織風土は目に見えない雰囲気として組織に存在する。また，組織は多くの場合複数の下位集団で構成されていて，その集団のコミュニケーションや意思決定，リーダーシップ，非公式な人間関係も個人の行動に影響する。他方，個人の心理・行動は組織から影響を受けるだけでなく，それぞれのパーソナリティによっても影響を受ける。そして，組織メンバー個々人の心理・行動は相互に影響しあうことによって最終的に組織全体の有効性や効率性を左右する。個人の心理・行動を説明する上で重要な概念が，仕事への動機づけ，組織コミットメント，組織ストレス，組織内キャリアなどである。さらに，組織の有

図 1-5　組織と個人の相互影響の関係

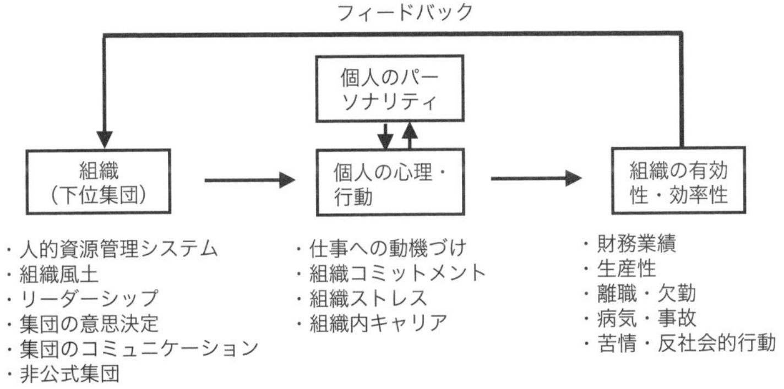

出所：著者作成。

効性や効率性は，フィードバックされて組織の制度や風土に影響を及ぼす（小林, 2019）。例えば，離職者が増えた会社は従業員を引き止めるため人事制度の新設や見直しを迫られるであろう。

　本書では，組織メンバーの心理・行動を理解する上で大切な，仕事への動機づけ（2, 3章），組織内キャリア（8, 9章），組織コミットメント（10, 11章），組織ストレス（12, 13章）などを取り上げるとともに，それらに影響する組織（下位集団）の要因として，集団の意思決定・コミュニケーション（4章），非公式集団（5章），リーダーシップ（6, 7章），人的資源管理（11, 13章），組織風土（14章）を取り上げることにする。

### ☕「組織を生きない」生き方 ••••••••••••••••••••••••••••••••••••••

　19世紀中頃ヘンリー・デイヴィッド・ソローは，アメリカ・マサチューセッツ州・ウォールデン湖のほとりの小屋で約2年自給自足の生活を送った。著書「森の生活」には，組織はもちろん地域社会とも切り離されながら，孤独のなかで自然や内面と向き合った思索が記録されている。日本でも50年ほど前は仕事をしている人のうち約20％が農林漁業で自営していた。自給自足までいかなくても組織に入らずに生活していたのである。

　現在その割合が数％程度になっているのは，現代社会において組織を避けて生きるのが困難になっているから，または（そして），多くの人がそれを望まなくなっているからである。組織だけが働く場ではないにも関わらず，今の日本で大学生の就活と言えば，企業や官庁といった組織に入るためのものであるという見方が当たり前になっている。

　しかし，引きこもりを含めて「組織を生きない」生き方については様々な見方がある。ソローのように引きこもりのなかで成長や創造が生まれることが，「ひきこもれ―ひとりの時間をもつということ」（吉本隆明著）において熱く語られている。

••••••••••••••••••••••••••••••••••••••••••••••••••••••••••••••••••

### 🔲まとめ

1．現代は組織の時代である。組織は，一般に複数の人間の活動を共通の目標に向けて調整する仕組みと定義されている。

2．システム論から見た場合，組織は複数の人間の活動で構成される社会シス

テムの公式的な部分（または公式的な部分の大きい集団）であり，組織と
メンバーは一方が他方を全面的に支配するのではなく，相互に影響し適応
しあう関係にある。
3. 組織心理学は，組織と個人のダイナミックな影響関係をメンバーの心理・
行動に焦点をあてて研究する心理学の一分野である。

## さらに学ぶために

1. 現代が組織の時代であることを示す例を公式統計で調べてみよう。
2. 組織の定義にはどのようなものがあるか，共通性や違いを検討してみよ
う。
3. 自分の所属している組織を例に，組織とメンバーが相互に影響し適応しあ
う関係にあるか考えてみよう。

## 参考図書

小林裕（2019）『戦略的人的資源管理の理論と実証：人材マネジメントは企業
業績を高めるか』文眞堂。
ルーマン，N.（1992・1996）『公式組織の機能とその派生的問題 上・下』新泉
社。

# 第2章
# 人はなぜ働くか

## 仕事への動機づけ（内容理論）

## 1. 仕事への動機づけとは

　人はなぜ働くのだろう。仕事をする理由は何か。……もちろん，生きるためである。「生計を立てるために従事する勤め」（大辞林）が仕事である。お金のためにやむをえず仕事をするのである。しかし，仕事をする理由はお金だけだろうか。同じ給料でも仕事を選んだり，場合によっては給料が下がっても仕事を変えたりするのは，給料以外に仕事から得られるものがあるからではないか。日本の大学生の7割以上がアルバイトをしているが（全国大学生協連，2018），生活のためだけでなく「社会勉強」や友達づくりを目的にしている学生もいるだろう。つまり，人はお金のためだけに働くわけではない。

　それでは，お金以外の何が働く理由になっているだろうか。組織心理学においてこのような問題を扱うのが，仕事への動機づけ論である。心理学では，一般に人間がある行動を行う理由を動機づけによって説明する。動機づけは，行動を始発させ，持続させ，一定の方向に導いていく過程全体をいう。また，動機づけの過程のうち，主に行動の始発と持続に関わる部分，つまり行動へと人を駆り立てる力やエネルギーを欲求（要求）と呼び，特定の目標（誘因）に行動を方向づける力やエネルギーを動機（動因）と呼んで区別することがある。

　仕事への動機づけにおいて，仕事へと人を駆り立てる力を説明する理論を内容（欲求）理論，仕事の目標の選択や目標による行動の違いを説明する理論を過程理論と呼ぶ（図2-1）。なぜ仕事をするのか，仕事をする理由は何か，という問題は内容（欲求）理論，仕事上の目標の違いによってなぜ意欲が異なる

図 2-1　内容（欲求）理論と過程理論

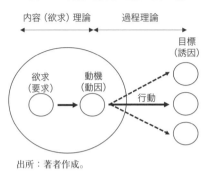

出所：著者作成。

か，同じ目標でも意欲がなぜ変化するか，などの問題は過程理論で説明される。本章では，前者の内容（欲求）理論について代表的な考え方を説明する。

## 2.　内容（欲求）理論

　仕事へのやる気を生み出す欲求とは何か。その問題を考えるには，そもそも人間にはどのような欲求があり，仕事に関係があるのはどれか探ればよいだろう。人間の欲求の種類については様々な立場があるが，誰もが生まれつき持っている一次的欲求と生後身につける二次的欲求の区別がマレー（Murray, 1938）によって主張されている。その区別によれば，一次的欲求は身体的な基礎を持ち，生理的な満足に関係するのに対し，二次的欲求は明確な身体的な基礎を持たず，心理的な満足感に関係する。前者の例が，食物，空気，排尿，暑さ・寒さ回避などの欲求であり，後者の例が，達成，支配，親和，獲得，保持などの欲求である。生きるためにやむをえず行うのが仕事だとすれば，一次的な欲求は金銭への欲求を介して間接的に仕事へのやる気に影響すると考えられる。それでは，二次的な欲求は仕事への動機づけにどんな影響を与えるだろうか。

　二次的欲求のうち，特に達成，支配，親和の三つに注目したのが，マクレランド（McClelland, 1987）である。障害に打ち勝ち，能力を発揮し，できるだけよく，かつ早く困難なことを成し遂げたいという達成欲求が強ければ，仕事

上の課題や目標があたえられたとき，それらの達成に向けて頑張るだろう。また，他者に影響を与え自分の思うように動かしたいという支配欲求や他者と協力したり愛情を交換しあいたいという親和欲求は，どちらも組織のなかで仕事をする上で重要な役割を果たすことが予想される。

　マクレランドはこれらの欲求の重要性を主張しただけでなく，これらの欲求の強さを測定し，それが仕事の成果に影響を及ぼすことを様々な実験や調査によって証明した。例えば，マクレランドは，16世紀から19世紀までのイギリスの文学作品に表現された達成欲求の強さを測定するとともに，同じ時期のイギリス全体の産業成長率の指標として石炭消費量の変化を調べ，達成欲求が強まったり弱まったりするとその約50年後に石炭消費量がほぼ同じパターンで変化していることを見出した（図2-2：McClelland, 1964）。この結果は，国レベルでの達成欲求が仕事上の成果に影響を及ぼすことを示しているが，二つの変化の間の約50年のズレは，文学作品から影響を受けた親が子供のしつけや教育を通じて次世代の人々の達成欲求を高め，それが成果にむすびつくまでの時間を表すと解釈されている。

　豊富な臨床経験をもとに独自の欲求理論を生み出し，仕事への動機づけ論にも大きな影響を与えたのが，マズロー（Maslow, 1954）である。マズローは，人間に五つの基本的欲求があり，それらの欲求の間には上下関係がある，つまり下位の欲求が満たされないと上位の欲求は動機づけをもたらさないという欲

### 図2-2　達成欲求と産業成長

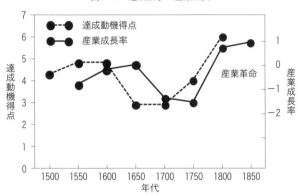

出所：McClelland（1964），望月訳編，p.45，第2図を元に著者作成。

求階層説を主張した（図2-3：Maslow, 1954）。また，五つの基本的欲求のうち，生理的満足，安全と安定，所属と愛情，承認と自尊心，と最上位の自己実現の欲求は質が異なるということも指摘している。つまり，下から四つ目までの欲求は不足しているものを外から充たそうとする際に動機づけを生じさせる（欠乏動機）のに対し，自己実現の欲求は，なりうる自分になりたい，潜在的能力を発揮したいという欲求であり，内側にあるものを自然に展開し表現することが動機づけになる（成長動機）という。欲求が五つに分類され，相互の間に階層関係があるという主張はその後多くの実証研究によって否定されるが，近年新しい理論的文脈と方法によって再評価もなされている（Latham, 2007）。

　仕事への満足感の研究から仕事への動機づけ論を発展させたのが，ハーズバーグ（Herzberg, 1966）である。ハーズバーグは，仕事への満足感・不満感をもたらす要因を様々な職種の人々に面接して調べたところ，満足感をもたらす要因（満足要因）と不満足感をもたらす要因（不満足要因）が異なることを見出した（図2-4）。満足要因は，達成，承認，仕事そのもの，責任など仕事の内容に関係し，不満足要因は，会社の政策と経営，監督，上司・同僚との関係，作業条件など仕事の環境に関係する，というのである。そして，満足要因が満足感を主にもたらす一方不満にはあまり寄与せず，逆に不満足要因は主に不満足感をもたらす一方満足感にはあまり寄与しない，という点で，満足感と不満感は質が異なる，つまり，満足の反対は不満ではなく没満足，不満の反対は満足ではなく没不満足であると指摘した。

　そこから，ハーズバーグは，人間の持つ二種類の基本的欲求（成長・自己実現への欲求と痛みを回避しようとする欲求）が満足要因と不満足要因の違いを

図2-3　欲求の階層

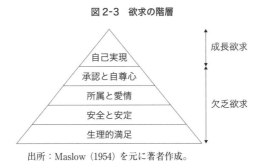

出所：Maslow（1954）を元に著者作成。

図2-4　満足要因と不満足要因：会計士の場合

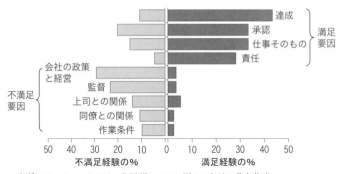

出所：Herzberg (1966), 北野訳, p.115, 図3.1 を元に著者作成。

　もたらしているので，満足要因は優れた成績や努力に人を動機づける一方，不満足要因は不満の回避・防止に向かわせるだけで積極的な職務態度をもたらさないと主張した。そして，仕事への動機づけという点から満足要因を動機づけ要因，不満足要因を衛生要因と名づけた。この動機づけ–衛生理論（二要因理論）は，その後の多くの実証研究でハーズバーグの用いた独自の調査方法（臨界事象法）を用いた場合にしか支持されないと批判されたが，仕事の環境よりも内容に目を向けて従業員の職務態度を改善させる職務充実の考え方を生み出した点で実践的意義を持っている（Latham, 2007）。

　これまで述べたように，マクレランド，マズロー，ハーズバーグは，それぞれ独自の欲求モデルを提示しているが，三者に共通する点も見られる。それは，仕事への動機づけに多様な欲求，特に高次の欲求が関わっているということである（図2-5：桑田・田尾, 2010）。人はなぜ働くか，という最初の問いにもう一度立ち戻ってみよう。確かに，人は「生きるため」「お金のため」に働くが，それだけではない。達成，承認，成長，責任なども求めている。特に，生きるのに必要な条件が満たされた人たちや社会においては，仕事を通じて高次の欲求を満たすこと，つまり働きがいが重要になっているのである。

図 2-5　欲求理論の比較

出所：桑田・田尾（2010），p.216，図 10-2 を元に著者作成。

## 3. システム論から見た動機づけ問題

　1章で述べたように，現代は組織の時代であり，ほとんどの人が組織の中で仕事をしている。では，個人で働く場合と組織で働く場合で仕事への動機づけに何か違いがあるだろうか。組織はそのメンバーの仕事への動機づけにどのような影響をもたらすだろうか。

　この問題を考える上で重要なのが，組織もそのメンバーである人間もそれぞれ自己維持しているシステムだということである。組織は環境側にいる人間の行為によって社会システムを維持し，人間は環境側にある組織の中での行為によってパーソナリティシステムを維持している。組織・人間どちらのシステムにとっても必要な行為への動機づけをどのように生み出すかがシステム論から見た動機づけ問題である。

　ここでは，組織化されていない社会システムの例として学生同士で作ったボランティアサークル，そして組織化が進んだ例として大企業を比較しながら動機づけの違いを考えてみよう。学生同士で作ったボランティアサークルは，メンバーの範囲，役割分担，ルールなどが明確になっておらず，活動したい人，活動できる人がボランティアを行うことになっている。したがって，サークルの活動を行うことがサークルのメンバーであることを意味する。つまり，サークルの活動への動機づけとサークルへの参加の動機づけは一致している。そこでは，活動を通してメンバーが欲求を満足させるとともに，サークルも維持さ

れている。他方，活動への動機づけが低下すればサークルも維持できなくなるので，社会システムは安定しない。

　これに対して，大企業のように組織化された社会システムでは，組織への参加の動機づけと個々の活動（仕事）への動機づけは別のものとして区別される。組織に参加すれば，つまりそのメンバーになれば，報酬と引き換えに公式化された活動全般を行わねばならない。自分の好きなように仕事は選べないし，どんな相手であれ上司には従わねばならない。したがって，仕事そのものを通じて直接欲求が満たされるとは限らない。それでも，組織化された社会システムでは，メンバーの参加への動機づけによって仕事一般への動機づけが確保されるので，システムの安定が維持される。ただし，仕事一般への動機づけと個々の仕事または仕事そのものへの動機づけは異なるので，参加への動機づけがあっても仕事そのものへの動機づけが高いとは限らない。

　組織というシステムの側から考えると，ある個人がメンバーになるということは，参加への動機づけが得られていることを意味する。そこでは，すでに組織内の仕事一般への動機づけは確保されているので，仕事を通じてメンバーの様々な欲求，特に高次の欲求を充足させる必要があるとは限らない。従業員の個々の仕事への動機づけを引き出すために金銭等の報酬以外の手段を用いることも考えられるが，それが組織全体としてよいかどうかは別である。例えば，上司の権威や仲間からの圧力を使って仕事への動機づけを高めようとした場合，指示やコミュニケーション以外の人間関係上の負担を上司や同僚にかけることになる。また，会社全体の目的のためという使命感で仕事への動機づけを高めた場合，目的との関係が不明確な仕事をさせられたメンバーは離職するかもしれないし，そのような仕事への異動を拒否するかもしれない。組織にとって，メンバーの仕事への動機づけは重要であるが，それだけが重要なのではない。

　パーソナリティシステムを維持する個人にとって，仕事への動機づけ問題にどのような対処が可能だろうか。組織と個人はお互いに環境側にいる相手に適応しあう関係にあるので，個人の側からもいくつかの適応戦略が考えられる（p.17のコラム参照）。一つは，メンバーの仕事への動機づけを積極的に高めようとする組織を選ぶという方策である。組織がコストを払っても，メンバー

の高次欲求の充足を通して動機づけを高め業績を上げる，という人的資源管理の戦略を選択することがありうる。二つ目は，仕事への無関心という戦略である。仕事を通じた高次欲求の充足は諦め，それ以外の活動を通じてそれを満たすということである。組織においては公式化された活動・関係以外の領域が存在するので，非公式な活動・関係のなかで高次欲求の充足を図ることも可能である。また，仕事以外の生活領域のなかで欲求充足を図り，パーソナリティシステムを維持するという方法も考えられるであろう。

### 🏺 ガタロさんの絵 ●●●●●●●●●●●●●●●●●●●●●●●●●●●●●

　通称ガタロさんは，広島の基町商店街で 30 年以上にわたって清掃員の仕事をしながら絵を描いている。出版された画集のタイトルどおり，モップや雑巾など「捨てられしものを描き続けて」きた。ガタロさんにとって仕事そして絵を描くことはどんな意味を持っているだろう。

　まず，仕事で得た収入によって生活が支えられているわけであるから，生活の手段である。そして，仕事を通じて友人や仲間が得られたり，その人たちから承認されることは生きがいにもなっている。さらに，プロの画家のように絵を描くこと自体が仕事になっているわけではないが，清掃の仕事は創作への動機づけになっている点で自己実現の欲求を満たす手段にもなっている。様々な欲求を満たす仕事だからこそ，色々な職を転々としてきたガタロさんが長く続けることができたのだろう。

　また，職場をアトリエにしていることからわかるように，組織の公式的部分（清掃員の仕事）への適応を果たしつつ，同時に非公式な領域で自由を拡大するという組織とのつきあい方も長く仕事を続けている秘訣かもしれない。

●●●●●●●●●●●●●●●●●●●●●●●●●●●●●●●●●●●●●●●●●●●●●●●●●●●

### まとめ

1. 仕事への動機づけがどのような欲求によって生じるかを説明するのが内容理論である。

2. 仕事への動機づけには，承認，達成，自己実現など高次欲求を含む様々な欲求が影響している

3. 組織というシステムの維持にとって，環境側にいる人間の参加への動機づけが必要であるが，仕事（そのもの）への動機づけは不可欠ではない。

## さらに学ぶために

1. 金銭に対する欲求は一次的欲求か二次的欲求か，またなぜそう言えるかを述べなさい。

2. あなた自身の仕事への動機づけにはどのような欲求が関わっているか，リストアップしてみよう。

3. 組織にとって「仕事（そのもの）への動機づけ」が必要不可欠でないとすれば，組織メンバーはどうすれば高次の欲求が満たせるか。組織への適応戦略という点から考えてみよう。

## 参考図書

ハーズバーグ，F.（1983）『仕事と人間性』東洋経済新報社。

桑田耕太郎・田尾雅夫（2010）『組織論：補訂版』有斐閣。

レイサム，G. P.（2009）『ワーク・モティベーション』ＮＴＴ出版。

マズロー，A. H.（1971）『人間性の心理学』産業能率大学出版部。

マクレランド，D. C.（2005）『「達成・パワー・親和・回避」動機の理論と実際』生産性出版。

# 第3章
# 仕事へのやる気を左右するのは

## 仕事への動機づけ（過程理論）

### 1．期待理論

　2章では，人はなぜ働くか？　という問いについて，仕事への動機づけという視点から検討し，仕事への動機づけに様々な人間の欲求が関わっていることを説明した。しかし，同じ人でもその日によってやる気が変化したり，仕事の内容によって意欲が異なることがある。また，同じ仕事をしている同僚の間でも意欲の違いがある。このような動機づけの個人内，個人間の違いは，欲求だけでは十分説明できない。そこで，欲求が仕事上の目標に行動を方向づける過程にも注目する必要がある。それを説明するのが過程理論である。過程理論にも様々な種類があるが，共通するのは人間の認知の個人内，個人間の違いに焦点を当てていることである。つまり，同じ欲求を持っていても同じ仕事をしていても，認知の違いによって動機づけの違いが生じるということである。ここでは，目標達成の見込み，目標の魅力，目標の明確さ，目標達成に必要なものと得られるもののバランス，などの認知的要素に注目した理論を紹介する。

　まず，目標達成の見込みと目標の魅力に注目したのが期待理論である。期待理論によれば，動機づけの強さは自分の行動がある結果をもたらすという期待（主観的確率）とその結果の持つ価値（誘意性）をかけ合わせたものである。つまり動機づけ＝期待×価値という式で表される。期待も価値も認知なので，時と場合によって変化し，また人によっても異なる。当然ながら，期待と価値をかけあわせた結果である動機づけも個人内，個人間で異なるし，期待と価値のどちらかが0だと動機づけが0になることも予想できる。また，複数の行動

が選択可能な場合，動機づけの最も大きい行動が選択される。このように人間の行動を期待と価値で説明しようとする考え方を一般に期待価値説と呼ぶ。

　仕事への動機づけに期待理論を適用し，発展させたのが，ヴルーム（Vroom, 1964）である。ヴルームは，一つの行動が複数の結果をもたらしたり，結果が次の結果を生むことが想定された場合，その行動への動機づけがどのように説明されるかを考えた。まず，複数の結果が生じる場合，それぞれの結果ごとに期待と価値（誘意性）をかけ合わせ，その結果を合計したものが行動への動機づけとなる。つまり，行動への動機づけ＝Σ（期待×価値）である。また，結果（一次的結果）が次の結果（二次的結果）を生むと想定された場合一次的結果の価値は，一次的結果が二次的結果をもたらすという期待（道具性と呼ぶ）と二次的結果の価値をかけ合わせたものの合計になる。つまり，一次的結果の価値＝Σ（二次的結果に対する一次的結果の道具性×二次的結果の価値）である。

　理論が複雑なので，一例として，月毎の売り上げ目標（ノルマ）が設定されたセールスパーソンの仕事への動機づけを考えてみよう（図 3-1）。この人は，努力すればノルマが達成できるという高い期待を持っている。また，ノルマが達成できればプラスの価値を持つ昇給が高い確率で見込めると考える一方，マイナスの価値を持つ同僚の嫉妬という結果も低い確率ながら想定している。昇

### 図 3-1　期待理論による動機づけの説明の例

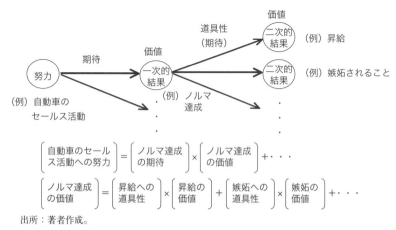

出所：著者作成。

給と同僚の嫉妬それぞれについて価値と道具性のかけ算の結果を合計するとノルマ達成の価値はプラスとなるので，目標達成の高い期待とかけ合わせるとプラスの動機づけが生じると考えられる。さらに，セールス活動がノルマ達成以外の結果をもたらすと期待される場合は，その結果についての期待×価値も総合的に考慮された上でセールス活動の努力の大きさが決まることになる。

期待理論は，仕事への動機づけを説明する認知的理論のなかで最も長い伝統を持つが，上記のような複雑な計算を人間が行うという仮定に対して疑問や批判が向けられている（Latham, 2007）。

## 2. 目標設定理論

仕事への動機づけの過程を説明する認知的理論のなかで妥当性が高いとされているのが，ロックら（Lock & Latham, 1984）の提唱する目標設定理論である。ノルマや〆切といった目標があるからこそ頑張るという人も多いであろう。目標設定理論は，目標の持つこのような動機づけ効果を主張し，目標のなかでも特に具体的で難しい目標が動機づけを高めるという。そのような目標は，注意や行為を方向づけ，エネルギーや努力を引き出し，持続性を高め，課題遂行のための工夫を生み出すことによって，業績を向上させる。目標がどの程度具体的で困難かは人によって見方が異なるので，この理論も認知的な動機づけモデルと言える。

具体的な目標の効果は，同じ課題に対して明確な数値目標を与えた場合と「できるだけたくさん」といった曖昧な目標を与えた（または目標がない）場合の作業成績の違いを比べれば確認できる。実際に，様々な業種の職場で行われた実験で，明確な数値目標が与えられた場合の方がそうでない場合より16%（10個の研究の中央値）成績がよいという結果が得られている（Locke & Latham, 1984）。

それでは，目標は難しければ難しいほどよいのだろうか。「針金ハンガーの使い途は？」といったアイデアを出させる課題をいくつかの学生のグループに行わせたところ，目標（グループ全体のアイデアの合計数）が困難なグループほど成績がよかった（図3-2：Locke, 1982）。ただし，一定以上困難になると

図3-2　目標の難しさと作業成績の関係

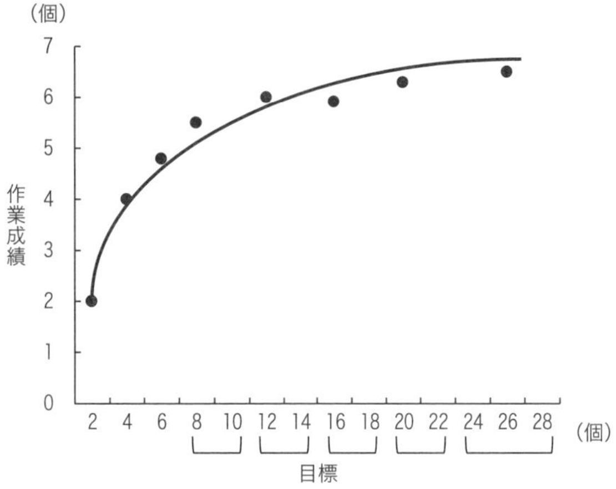

注：目標 8 個以上の成績データは，複数条件をまとめて表示。
出所：Locke（1982），p.513, Figure.1.を元に著者作成。

成績の上がり方が緩やかになり，さらに難しくなると上がらなくなった。このように限界はあるものの，一定のレベルまでは目標が困難なほど動機づけも高まると考えられる。

　しかし，この結果は前述の期待理論の予測と矛盾する。期待理論によれば，目標の持つ価値が同じであれば，目標が困難なほど，つまり達成の期待が低いほど動機づけが下がるはずである。例えば，期待理論の考え方に立つアトキンソン（Atkinson, 1958）は，グループ毎に難しさの異なる目標を与えて課題を行わせ，目標設定理論の予測とは異なる結果を見出している。この実験では，グループ全体の目標ではなく，グループ内の成績順位に応じた報酬（1.25 セント）を払うことによって目標の難しさが操作された（① 20 人中 1 位だけに報酬，② 4 人中 1 位だけに報酬，③ 2 人のうち成績の良い方に報酬，④ 4 人中 3位までに報酬）。実験の結果，報酬の得られる期待が 0.5 つまり目標達成できるか五分五分の時（③ の条件）グループ内の成績の平均が最もよく，期待が低い時（① の条件）と高い時（④ の条件）は成績が悪かった。この結果は，期待が高いほど動機づけが高まるという期待理論の予測とも反する。そこで，アトキンソンは，目標の持つ価値が達成の期待と反比例する（価値＝ 1 － 期

図 3-3　目標の難しさと成績の関係：3 つの理論

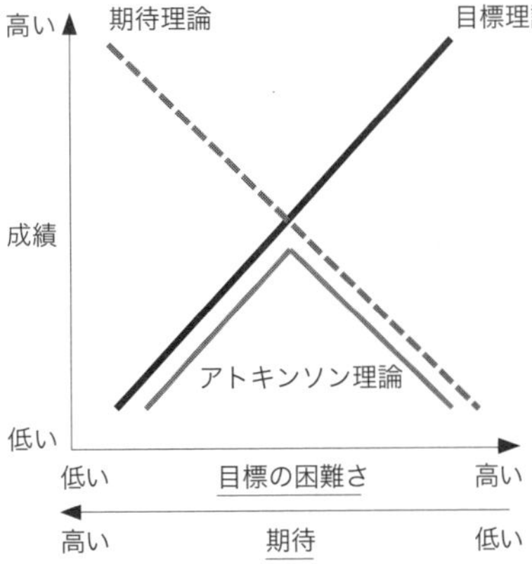

出所：Locke & Latham（1990），p.63, Figure.3-1.を元に作成。

待），つまり達成が難しいほど達成の魅力が高まると考えれば，期待が 0.5 の
時期待と価値のかけ算の結果が一番大きくなるので，期待理論の枠内で十分説
明出来る，と主張している。

　これまで紹介してきた理論や実験結果からすると，目標の困難さと業績の関
係については三つの対立する立場が考えられる（図 3-3：Locke & Latham,
1990）。なかでも目標設定理論と期待理論の立場はまったく逆である。これに
ついては，目標の困難さと業績の関係を集団単位でみるか個人単位でみるかに
よってどちらが当てはまるかが異なるという説明が考えられる（Latham,
2007）。また，期待を結果期待と効力期待の二種類に分けると，行動が結果を
もたらすという結果期待は目標が困難になると低下するが，そのような行動が
自分にできるという効力期待は逆に高まるので，目標設定理論の予測は効力期
待で説明できる，という考え方も提案されている（Latham, 2007）。本章では
詳しく触れなかったが，人間の認知・動機づけ・感情・行動選択における効力
期待（自己効力感）の役割を重視する自己効力理論（Bandura, 1995）も仕事
への動機づけを説明する有力な理論の一つとみなされている。

## 3. 公平理論

　これまで紹介した期待理論と目標設定理論は一人で働く場合を含めて仕事への動機づけを広く説明できるが，複数の人たちがいっしょに働く場合特別な動機づけが働くだろうか。例えば，組織のなかで働く場合，自分の待遇が他の人と比べて公平かどうか気になったり，そのことで仕事への意欲が左右されることがあるかもしれない。公平かどうかはその人の見方なので，認知の一種である。

　そこで，公平さという認知に注目して，それと仕事への動機づけを結びつけたのが公平理論（Adams, 1965）である。公平理論によれば，人は組織に対して行った貢献とその見返りに受け取ったもの（広い意味での報酬）のバランスに基づいて公平かどうかを判断する。その際，本人が貢献とみなしているものがインプットである。学歴，能力，経験，技能，努力などが例として挙げられる。他方，本人が見返りとして重要だと考えるものがアウトカムである。給与，地位，権限，仕事の内容，などが挙げられる。そして，自分のインプットに対するアウトカムの比率が他者（同じ職場の同僚など）のインプットに対するアウトカムの比率と等しいと判断したとき公平となり，等しくないと判断したとき不公平となる（図3-4）。また，不公平には，他者に比べ自分の方がアウトカム／インプットの比率が小さい場合（不満，怒りなど）だけでなく，大きい場合（罪悪感，きまりの悪さなど）も含まれる。ここでのインプットとア

**図3-4　公平理論による動機づけの説明**

注：A：自分　B：他者
出所：Adams（1965）を元に著者作成。

ウトカムは，それぞれについて自分が重要だと思うものすべての合計を意味
する。

　さらに，認知的不協和理論（Festinger, 1957）に基づけば，認知的不協和
（知識と知識の間の矛盾・非一貫性）を抱いた人はそれを低減させようとする
ので，認知的不協和の一種である不公平もそれを低減させようとする動機づけ
をもたらす。例えば，自分の方がアウトカム／インプットの比率が小さいと感
じた人は，努力というインプットを減らすかもしれない。つまり，仕事への動
機づけを低下させる可能性がある。しかし，公平さを取りもどす方法は他にも
色々考えられる。給与値上げの交渉をして実際のアウトプットを増やしたり，
比較対象となる他者のインプットやアウトカムを変えようとするかもしれな
い。さらには，比較対象となる他者を変えることによって認知的バランスを回
復しようとすることも考えられる。

　このように，公平をもたらすインプットとアウトカムの組み合わせが複雑
で，公平を回復するための方法も多いため，公平理論では行動の予測が難し
い，と批判されている（Latham, 2007）。他方，公平理論は，公平が組織で働
く人々にとって重要であることを示し，組織的公正研究の発展をもたらした。
その研究の結果，組織における公正には様々な種類があり，公平理論でいう報
酬分配の公平さは分配結果の公正（分配公正）の一種に過ぎず，平等分配，必
要度分配なども分配公正に含まれることが明らかになった。また，分配公正以
外にも，決定手続きの公正（手続き的公正），人の扱い方についての公正（対
人的公正）など様々な組織的公正があり，それぞれが仕事への動機づけなどの
態度・行動に異なる影響を及ぼすことも示されている。

### 🍵 目標管理制度 ● ● ● ● ● ● ● ● ● ● ● ● ● ● ● ● ● ● ● ● ● ● ● ● ● ● ● ● ●

　会社全体の目標と個人の目標を結びつけ，個人の目標を本人の欲求と調和させれ
ば，個人が目標に向けて自律的に行動し，最終的に会社全体の目標が達成できるだ
ろう……著名な経営学者ドラッカー（1954）によって提唱された目標管理の理念に
基づいて作られ，多くの日本企業で導入されているのが，目標管理制度である。

　この制度は，一般に① 目標設定（半期または1年の初めに上司との面談によって
明確な目標を立てる），② 自己統制（目標達成の過程を従業員個人に管理させる），

③ 目標達成度の測定・評価（達成度を自己反省し，次の目標に繋げる）という三つのステップからなる。

　目標設定理論によれば，最初のステップで明確な目標を設定することによって従業員の動機づけを高める効果が期待できる。ただし，制度の運用の仕方によっては，短期的な成果だけに目が向けられ，目標達成以外の仕事が疎かになったり，目標設定から達成度評価までのサイクルの繰り返しによってマンネリ化が生じたりすることもあるので注意が必要である。

## まとめ

1．仕事における目標の選択や行動の方向を説明するのが過程理論である。
2．期待理論によれば，行動がある結果をもたらすという期待とその結果の持つ価値をかけ合わせたものが動機づけの強さである。
3．目標設定理論によれば，具体的で困難な目標が人を動機づける。
4．公平理論によれば，仕事を通じた貢献（インプット）と報酬（アウトカム）の比率が自分と他者で等しくない場合に生じる不公平が仕事への動機づけに影響する。

## さらに学ぶために

1．同じ目標でも達成が難しいと感じると目標の魅力が高まったり，逆に同じ目標でも達成がやさしいと感じると魅力が低下したりする例を考えてみよう。
2．目標設定のマイナスの効果はないか考えてみよう。例えば，量（数字）で目標が設定された時，質はどうなるだろうか。
3．高校生と同じ時給で不満を持った大学生は，仕事への動機づけを低下させる以外にどのような対応（認知・行動）をとるだろうか。それを公平理論で説明するとどのようになるだろうか。

## 参考図書

レイサム，G. P. (2007)『ワーク・モティベーション』ＮＴＴ出版。
ロック，E. A.・レイサム，G. P. (1984)『目標が人を動かす』ダイヤモンド社。

松井賚夫（1982）『モチベーション』ダイヤモンド社。

奈須正裕（2002）『やる気はどこから来るのか：意欲の心理学理論』北大路書房。

田中堅一郎 編著（2019）『産業・組織心理学エッセンシャルズ 4 版』ナカニシヤ出版。

ヴルーム，V. H.（1965）『仕事とモチベーション』千倉書房。

# 第4章
# 集団の影響力

## グループダイナミクス

## 1. 心理学における集団の研究

　心理学における集団の研究には大きく二つの流れがある。一つが1930年代以降レヴィン（Lewin）によって主導されたグループダイナミクスである。この流れは，その後社会的アイデンティティ論などとも合流して現代の社会心理学の基礎を作った。もう一つが，グループダイナミクスよりもさらに早く1920年代のホーソン研究を出発点とする人間関係論である。この流れは，社会－技術システム論を加え，新人間関係論などに発展しながら，現代の組織心理学・組織行動論に大きな影響を与えた。もちろん，二つの流れは独立しているわけではなく，個人と集団の関係，集団と組織の関係にそれぞれ重心を置きながら，相互に影響しあって発展を遂げている。

　本章では，このうちグループダイナミクスの流れに焦点をあてることにする。心理学は個人の内面を研究対象にしていると考えられがちであるが，個人と個人，個人と集団，そして集団と集団との関係も重要な研究テーマである。グループダイナミクス（group dynamics：集団力学）は，個人と集団，そして集団相互の間にどのような力が働くか，どのような影響が生じるかを独自の研究方法によって明らかにした。その研究方法の一つが実験である。実験は科学としての心理学を特徴づける重要な研究方法であるが，集団自体を実験対象としたことがグループダイナミクスの画期的な点である。実験室で行われる実験（実験室実験）と工場や学校などで行われる実験（フィールド実験）によって，集団とそのメンバーの行動の関係についての一般的法則が見出された。そ

して，もう一つの研究方法がアクション・リサーチである。これは，集団の力を利用して現実の社会生活の改善をめざす実践的な研究方法である。

　本章では，グループダイナミクスによって明らかになった知見のうち，集団による問題解決や意思決定の効果について紹介することにする。組織では，長期の課題や日々発生する問題を解決し，とるべき方針や行動を決定しなければならない。組織内の地位・役割の専門分化の意味を考えれば，これらの課題に対処するのは主に管理職・専門職の責任と考えられる。とはいえ，管理職の仕事の多くの時間が会議に費やされていることからわかるように，組織内の問題解決や意思決定は特定個人ではなく集団によって行われることが多い。また，管理職以外の一般従業員もプロジェクトチーム，小集団活動など集団でそれらの課題に対処している。

　それでは，集団による問題解決や意思決定に効果があるのだろうか。言い換えれば，集団のメンバーが問題解決や意思決定に参加することに意味があるだろうか，またどうすれば参加が効果を発揮するであろうか。

## 2. 参加の効果（1）：認知モデル

　「三人寄れば文殊の知恵」ということわざがある。凡人であっても何人か集まって話し合えば，文殊（知恵をつかさどる菩薩）のような良いアイデアが生まれる，という意味である。このように「個人より集団の方が優れた判断ができる」という見方を含め「メンバーの参加が集団の問題解決や意思決定の質に影響する」という考え方を認知モデルという。

　それでは，メンバーの参加は集団の問題解決や意思決定の質を高めるだろうか，つまり「三人寄れば文殊の知恵」は本当だろうか。ことわざがあるからといって正しいとは限らない。あまり知られていないが，「三人寄っても下衆は下衆」といった反対の意味を持つことわざもあるからである。集団による問題解決や意思決定はグループダイナミクスの中心的な研究テーマの一つである。そこで，問題解決と意思決定にわけてグループダイナミクスの研究成果を見てみよう。

## 1）問題解決での集団討議の効果

　問題解決において個人より集団の方が良い判断がなされるかどうかは，同じ課題を出して個人と集団の成績を比較すればよい。そのような実験を行った結果は，課題の種類や比較の仕方によって多少異なっている。

　課題の種類については，「宣教師の川渡り」（図4-1）のように正解のある論理的課題と「ホウキの普通とは違う使い方は？」のように新しいアイデアを生み出す創造的課題がある。また，個人と集団の成績を比較する際のやり方には，一人で行った時の成績と集団で行った時の成績を単純に比較する方法の他に，人数は同じだが相互作用しない個人の集合（名義集団）と本当の集団（現実集団）の成績を比較する方法がある。集団が個人より有利なのは，人数が多いからではなく，相互に刺激しあうことができるからだとすると，後者のやり方で比較することも意味があるだろう。

　まず，論理的課題についてこれまでの実験結果をみると，個人と集団の単純な比較では集団の方が優れていた。例えば，「宣教師の川渡り」問題の場合，集団の方が所要時間はかかるものの正解率は高かった（Shaw, 1932）。その他多くの研究で共通しているのは，平均的な個人よりも集団の方が成績が良いということである（亀田, 1997）。しかし，同じ人数の名義集団（集団メンバーの少なくとも一人が正しく解けていれば，集団として正解したとみなす）と現実集団を比較すると，多くの場合名義集団の方が成績がよかった。つまり，個

図4-1　「宣教師の川渡り」問題

川岸に3人の宣教師と3人の人喰い人がいます。2人乗りのボートが1艘あり，これを使って6人全員を対岸に移したいのですが，宣教師の数が人喰い人の数より少なくなると人喰い人は宣教師を食べてしまいます。宣教師3人と人喰い人1人がボートをこぐことができます。何とか無事に全員を対岸まで渡らせる手順を考えて下さい。

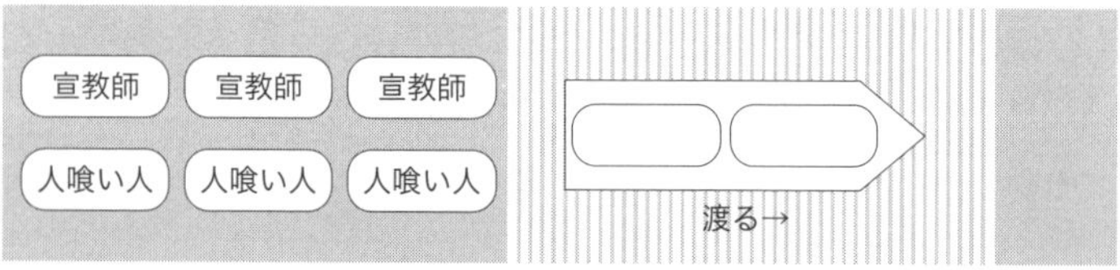

宣教師　宣教師　宣教師

人喰い人　人喰い人　人喰い人

渡る→

出所：Shaw（1932）を元に著者作成。

人の成績の集計以上のものが集団での話し合いで生まれることは稀れであり，集団の成績は集団の平均的メンバーを上回るとしても，その中の最良メンバーの成績には多くの場合届かない（亀田, 1997）。

　しかし，集団で話し合うことの効果が発揮されるのは，正解のある論理的課題よりも新しいアイデアを生み出す創造的課題であるかもしれない。そのような課題に集団で取り組む際によく用いられるのが，ブレーンストーミング（brainstorming）である。出されたアイデアに対して良い悪いの批判をしない，自由奔放・奇抜なアイデアを尊重する，アイデアの数や量をできるだけ多くする，他の人のアイデアの結合や改善を心がける，という四つの原則に従えば良いアイデアがたくさん生まれるとされている。

　例えば，親指問題（小指の外側に親指がもう一本生えてきたとすると，良い点と悪い点は何か）でブレーンストーミング集団と個人の成績を単純に比較すると，やはりブレーンストーミング集団の方が個人よりも成績がよかった。しかし，同じ実験の結果を名義集団（一人でブレーンストーミングの四つの原則に従ってアイデアを考えさせ，その結果を現実集団と同じ人数分合計する）と現実集団で比較すると，アイデアの数だけでなく，アイデアの質も名義集団の方が優れていた（図4-2：Dunnette, et al., 1963）。数多く実施された類似の比較実験もほぼ同じ結果だったので，創造的な課題でも「文殊の知恵」効果は生

図4-2　ブレーンストーミングの効果

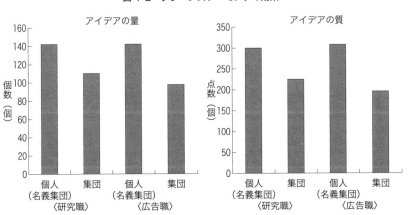

出所：Dunnette et al. (1963), p.32, Table.2, p.34, Table.5 を元に著者作成。

じないということになる。

## 2) 集団の話し合いはなぜ有効でないか

　上述のように様々な実験の結果，個人と集団の成績を単純に比較すると集団の方が優れているものの，同じ人数の名義集団と現実集団を比較すると，個人の成績の集計以上の何かが集団で生み出されることは稀れで，多くの場合それ以下の成績になってしまうことがわかった。つまり，多くのメンバーが参加して集団で話し合うよりも，一人一人で考えた結果をうまく集約するか，最初から優秀な個人に問題解決や意思決定を委ねる方が効率的だということになる。それでは，なぜ集団討議の効果が見られなかったのであろうか，またどうすればその効果が発揮されるだろうか。

　問題は，集団におけるメンバーの相互作用，つまり集団で話し合うというプロセスにある。相互作用によってメンバー個々人の認知的資源の総和以上の結果が生じる「プロセスの獲得」（創発・集合知などと呼ばれる）が期待されたものの，実際は総和以下になる「プロセスの損失」が生じているのである。「プロセスの損失」の要因は少なくとも二つ考えられる。一つが調整損失である。ブレーンストーミングでは，せっかく良いアイデアを思いついても他の人が話している間は発言できないので，その間に忘れたり，他のアイデアを考える時間が奪われる。ブロッキングとか協調の失敗とも呼ばれる。

　もう一つが動機損失である。いっしょに課題に取り組んでいる人が周りにいるため，一人で課題に取り組む時より努力量が低下する。一般に，社会的手抜きと呼ばれる現象である。例えば，Latane, et al. (1979) の実験では，何人かの実験参加者（現実集団）でいっしょに大声を出すという単純な課題を行わせたところ，一人当たりの声の大きさは集団の人数が多いほど小さかった（図4-3の「現実集団条件」）。このことは，集団で課題を行っていると本人だけが思い込んでいる状況（擬似集団状況）で直接個人の声の大きさを測定した場合でも確認されたので（図4-3の「疑似集団条件」），社会的手抜きが実際に生じていることがわかる。ただし，上記の現実集団状況での一人当たりの声の大きさの方が低下が激しいので，そこには社会的手抜き以外の調整損失（タイミングが合わないなど）の影響も考えられる。集団で共通の課題を行う際に生じる

図4-3　集団の人数と一人当たりの声の大きさ

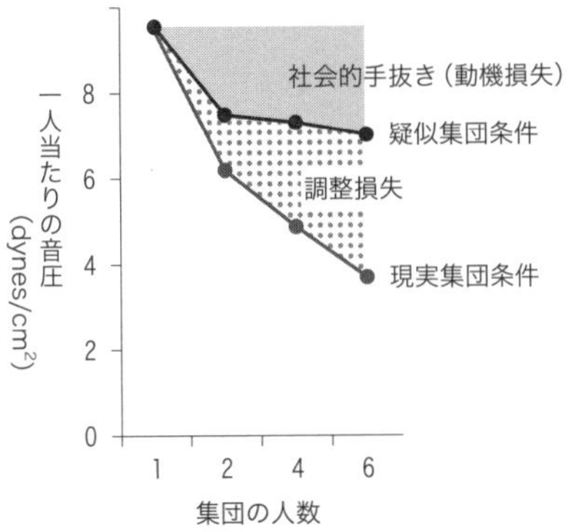

出所：Latane, et al.（1979），p.827, Figure.2 を元に著者作成。

動機損失（つまり社会的手抜き）は，自分の意見や行動が他のメンバーから否定的に見られることを恐れる評価懸念や自分がやらなくても他のメンバーがやってくれるだろうという責任の分散で説明することができる（本間, 2011）。

　このように，集団討議による問題解決を有効に進めるにはプロセスの損失を防ぐ必要がある。そのための方法の一つが，コンピュータ通信による電子ブレーンストーミングである（本間, 2011）。

### 3) 意思決定の質への集団討議の効果

　国が消費税率を上げるかどうかを決めたり，企業がどの製品を売り出すかを判断する時，トップが一人で決断すべきだろうか，集団で議論して結論を出すべきだろうか。複数の選択肢の中から一つを選ばなければならない状況で集団討議は意思決定の質を高めるだろうか。

　この問題についてもこれまで多くの実験や事例研究が積み重ねられてきたが，それらの結果によれば，必ずしも集団の方が個人より決定の質が高いとは言えない。つまり，集団による決定には一定の偏り（バイアス）が生じやすい。その代表的な例が集団極性化と集団思考である。集団極性化は，集団で討議するとメンバーの態度が極端な方向に傾く現象である（Moscovici & Zavalloni, 1969）。もともとメンバーが危険を冒そうとする意見を持っていれ

ば，さらに危険な方向に向かう（リスキーシフト）。他方，もともと弱気な態度の人たちで話し合えば，さらに弱気になる（コーシャスシフト）。また，集団思考は，まとまりのよい集団に見られがちな病理的現象で，外部からの不都合な情報や警告が軽視される一方，自分たちの集団の力や正しさが過大評価され，内部では異論を挟めないような斉一性への圧力が強く働くといった症状が見られる（Janis, 1972）。例えば，アメリカは1961年にキューバのピッグス湾に侵攻したものの，革命政府を倒すという計画は大失敗に終わった。その決定は当時のケネディ政権の有能なスタッフたちの話し合いによるものであったが，決定の過程には集団思考が働いたと考えられている。以上のように，集団討議は，問題解決だけでなく，意思決定においても良い効果をもたらすとは限らないのである。

## 3．参加の効果（2）：動機モデル

　問題解決や意思決定において集団討議が必ずしも有効でないとすると，個人で考えた結果をうまく集約したり，優秀な個人にそれらを任せたりすればよいのであろうか。「参加が問題解決や決定の質に影響する」という認知モデル以外に，集団で話し合うことの意味や働きは説明できないだろうか。例えば，私たちは，自分の知らないところで決められたことよりも，自分も加わってみんなで決めたことに対してより守ろうという気持ちにならないだろうか。このように「参加が決定の受容，満足感，実行への動機づけに影響する」と考えるのが動機モデルである。

　参加が決定の受容や実行を促すことを示す代表的な例が集団決定である。集団決定は，普通の会議のように集団で話し合うだけではなく，集団討議のあとで挙手などによりメンバーが自己決定を表明しあう手続きを言う。例えば，レヴィン（Lewin, 1953）は，乳児にオレンジジュースを飲ませるという新しい習慣を主婦に身につけさせる実験を行い，栄養士が個別に説得した群よりも集団決定を行った群の方が2週間後の実行率が高いことを見出した（図4-4）。また，パジャマ工場の労働者を対象に新しい生産方式導入前後の生産性の変化を調べた実験では，新方式導入による職務変更を事前通知するだけの群（無参

図4-4　集団決定の効果

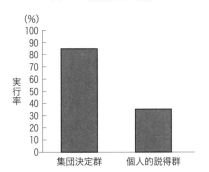

出所：Lewin, K. (1953), p.295, Figure.21.5.を元に著者作成。

加群）では生産性が低下しその後も回復しなかったのに対し，職務変更が事前に全員に説明され討議の上で受け入れが決定された群では変更後生産性が高まり，代表者のみ参加した群でも一旦低下してからすぐに改善した（Coch & French, 1948）。これらの実験の結果は，集団決定への参加が決定の受け入れや実行への動機づけを高めることを示している。

### 「最悪の家族旅行」のアイデアは？●●●●●●●●●●●●●●●●●●●●●●●●●

　自由な校風で知られるスタンフォード大学は，グーグルの創業者など数多くの起業家を輩出している。その大学で起業家育成プログラムを担当するティナ・シーリグ教授は，ブレーンストーミングを独特のやり方で活用している。

　まずは，ウォーミングアップ。みんなで架空の「寿司マシーン」の動きを演じてみよう。一度「バカ」になることで羞恥心が和らぐ。それでは，本題。グループ毎にブレーンストーミングで「最善の家族旅行」のアイデアを出し合ってもらう。でも，ここまでは普通。独特なのは，次に「最悪の家族旅行」のアイデアを出させること。そして，別のグループの考えた「最悪の家族旅行」のアイデアをもとに「最善の家族旅行」のアイデアをひねり出すという無理難題に挑戦させる。ブレーンストーミングでアイデアを出し合い，最後に全員の前でプレゼンする。

　「最悪」から「最善」を生み出すという逆転の発想。そこではブレーンストーミングが繰り返し使われている。1回だけで終わる通常のやり方の限界を知った上でうまく起業家育成プログラムに組み込んでいる例といえるかもしれない。

●●●●●●●●●●●●●●●●●●●●●●●●●●●●●●●●●●●●●●●●●●●●●●●●●

## まとめ

1. グループダイナミクスは，実験とアクションリサーチという二つの研究方法によって集団の影響力に関する一般法則を見出した。
2. 現実集団と名義集団の成績の比較によれば，集団による問題解決や意思決定が個人に比べて優れているとは言えない。
3. 集団決定などの例からすると，参加は，決定の受容，満足感，実行への動機づけを高める。

## さらに学ぶために

1. 日常生活での参加（集団による問題解決や意思決定）の例をあげ，認知と動機の両モデルの視点からその効果を検討してみよう。
2. 企業・学校などでブレーンストーミングが使われ続ける理由，およびより効果的に使うための改善策を考えてみよう。
3. 創発や集合知は，どのような条件で起きるか参考図書（例：スロウィッキー，2006）を読んで調べてみよう。

## 参考図書

本間道子（2011）『集団行動の心理学』サイエンス社。

印南一路（1997）『すぐれた意思決定：判断と選択の心理学』中央公論社。

亀田達也（1997）『合議の知を求めて：グループの集団決定』共立出版。

釘原直樹（2013）『人はなぜ集団になると怠けるのか』中央公論新社。

岡本浩一（1986）『社会心理学ショート・ショート：実験でとく心の謎』新曜社。

スロウィッキー，J.,（2006）『「みんなの意見」は案外正しい』角川書店。

<br>

# 第5章
# 職場の人間関係が大切な理由

## 人間関係論

## 1. ホーソン研究

　何万人という従業員のいる会社でも，普段直接顔をあわせて働くのは数人あるいは数十人の人たちである。これらの人たちは集団内でお互いに協力しあいながら共通の目標に向けて活動している。このように組織の最小単位となる集団が職場集団である。職場集団は，そこに所属するメンバーに対してだけでなく，組織全体の働きにも影響を与える。そのような影響を明らかにしたのが，ホーソン研究から始まる人間関係論である。

　ホーソン研究は，1920年代半ばから1930年代初めにかけて，アメリカのウェスタン・エレクトリック社ホーソン（Hawthorne）工場で行われた（Roethlisberger & Dickson, 1939; Roethlisberger, 1941）。約7年半にわたって様々な実験・調査が行われたが，その中心は照明，継電器組立，配電器巻線の三つの実験だった。

　最初の照明実験では，照明という物理的作業条件が労働者の生産性にどのような影響を及ぼすかが研究テーマだった。工場で働く労働者の一部を対象に実験を行ったところ，照明の明るさを変化させた実験群では，照明を明るくしても，暗くしても生産性が上昇し，さらに同じ期間明るさを変えなかった統制群でも生産性が上昇した。つまり，照明と生産性との間には関係がない，という予想外の結果だった。

　そこで，次に行われたのが継電器組立実験であった。この実験では，作業時間や休憩時間などの作業条件が作業効率にどのような影響を与えるかが研究

テーマだった。工場内から選ばれた5人の女子工員が隔離された作業室で組立作業を行い，一人一人の作業成績が記録された。数年間に亘って作業条件を変化させた結果，1日の作業時間を減らしたり，休憩時間や回数を増やしたりすると5人の時間当たり平均作業成績は上昇した（図5-1）。しかし，以前と同じ条件に戻しても成績は高まっていた。つまり，同じ条件でも実験の後の方になると成績が良くなっていた（例えば7期と15期）。この結果は物理的作業条件以外の要因で説明せざるを得ない。

　そこで，女子工員達と面接して見つかったのが，彼女達の態度や感情の要因だった。女子工員達は，実験の意義を説明されたり，意見や同意を求められたり，厳しく監督されない，といった普通の職場にいる時には考えられないような待遇を受けていたのである。つまり，重要な実験の参加者であることを意識させた結果，承認されたという満足感や仕事へのやりがい意識が高まり，それ

図 5-1　継電器組立実験の結果

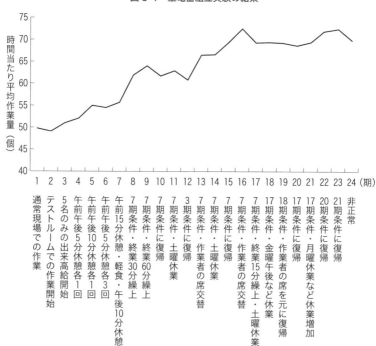

出所：大橋・竹林（2008），pp.14-15 図表3-1 (1) (2) を元に著者作成。

が作業成績に影響したと考えられた。このように，実験であることを対象者に知らせると結果に影響が生じる現象は，その後ホーソン効果と呼ばれるようになった。

　女子工員達の態度・感情の変化は，仕事や上司に対してだけでなく，お互い同士の間でも起こっていた。最初職場内だけだった人間関係が私生活を共にする親密な友達関係に変化し，集団としてのまとまりや一体感が高まったことも作業成績の上昇に影響したと考えられた。

　そこで，最後に行われたのが，配電器巻線実験である。前の実験では集団内の人間関係の変化が作業成績に影響することがわかったが，このような集団の働きは工場内の普段の作業でも見られるだろうか。このような問題意識の元，9人の巻線工，3人の溶接工，2人の検査工からなる男子作業員14人の仕事ぶりが観察された。

　14人は公式には三つの熔接単位，二つの検査単位で集団を構成していたが，観察の結果，工員達はお互いの親密な感情で結びついたクリークと呼ばれる仲間集団を作っていることがわかった（図5-2）。そして，その非公式な集団のなかで自分達だけの生産基準に従って意図的な生産制限を行っていた。また，その集団では，非公式な生産基準以上に働いてはいけない，逆に怠けてもいけない，生産制限をしていることを告げ口してはいけない，などのルールが作られていた。この実験は，職場集団，とりわけ非公式集団が生産性に重要な影響を与えることを見い出した。また，継電器組立実験の場合5人の女子工員達の

図5-2　配電器巻線実験での非公式集団

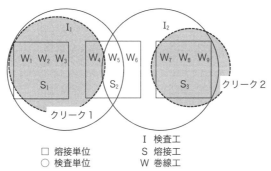

出所：Roethlisberger & Dickson (1939), p.509 を元に著者作成。

仲間意識に支えられた非公式集団が生産性を上げる方向に作用したが，この実験では下げる方向に作用していたので，非公式集団が公式組織との関係次第で生産性にプラス・マイナス両方向の影響を及ぼしうることも確認された。

　以上のように，ホーソン研究は一連の実験を通じて，労働者の態度・感情と非公式集団が生産性に重要な影響を及ぼすことを発見し，人間関係論（human relations approach）と呼ばれる研究の流れを生み出した。人間関係論は，人と人の関係という狭い意味の人間関係にとどまらず，組織における人間の要因，いわば組織と人間の関係に広く目を向け，集団研究においてもグループダイナミクスと並んで大きな影響を与えた。

　しかし，ホーソン研究によって見出された労働者の態度・感情と生産性との関係が，その後の研究で十分確認されているわけではない。例えば，「幸福な労働者は生産的な労働者である」という仮説（ペットミルク仮説）は多くの研究でくりかえし検討されたが，仕事への満足感と生産性との間の明確な関係は実証されていない（Cropanzano & Wright, 2001）。また，ホーソン研究は労働者の非公式の人間関係が重要であることを発見したが，公式組織の変化によって非公式集団やそのメンバーである労働者にどのような影響が生じるか明らかにしていなかった。

## 2.　社会－技術システム論

　ホーソン研究において十分検討されなかった公式組織と非公式集団の関係を組織的に検討したのが，1950年代イギリスのタビストック研究所によって行われた石炭産業の研究である。所員のトリストらは，イギリスの炭鉱の機械化が労働者の人間関係や心理にどのような影響をもたらすかを調査した（Trist & Bamforth, 1951）。機械化以前の伝統的なやり方（短壁法）では，2人の鉱夫または補助メンバーからなる集団が短い切羽（採炭現場）を受け持ち，一連の採炭作業を手仕事で行っていた。集団は請け負った仕事に責任を持つとともに，自分たちでリーダー，メンバー構成，仕事の進め方を決めるという自律性を持っていた。また，集団内ではメンバーが連帯感情を持ち，私生活でも助けあったりしていたが，集団同士はライバル関係にあるため衝突が起きやす

かった。

　他方，機械化後は，一人の監督者のもとで40~50人の鉱夫が連続した長い切羽を切削機やコンベアなどで採炭する方式（長壁法）が採られ，大量生産が可能になった。ただし，一人一人の作業は固定され，職種ごとに報酬が決まっていた。また，持ち場はそれぞれ離れており，また3交代勤務だったため，労働者同士は時間的・空間的に孤立状態に置かれた。そのため，お互いに頼りあえるような非公式集団はほとんど形成されず，自分のことしか考えない個人主義，責任を他に転嫁する傾向，不満から生じる無断欠勤（absenteeism）が生じた。結果として，採炭の機械化は期待どおりの生産性向上をもたらさなかったのである。

　この研究で明らかになったのは，合理的な工学的配慮に基づく公式組織が，労働者同士の人間関係を変えてしまい，労働者の社会的欲求をみたす非公式集団の形成を阻害したことである（Schein, 1980）。生産技術を最高レベルにするだけでなく，人間関係にも配慮しないと生産性は上がらないのである。つまり，社会システムと技術システムは相互に影響しあう関係にあり，両方を同時に最適化する必要がある。これが社会－技術システム論（socio-technical system theory）の基本的な考え方である。長壁法にみられるような伝統的な考え方と比較すると，この考え方は，従業員の担当する職務の幅を広げ，社会システムへのメンバーの参加を促すという点に特徴がある（表5-1）。

表5-1　新旧のパラダイムの比較

| 古いパラダイム | 新しいパラダイム |
|---|---|
| 技術的必要性の重視 | 社会－技術システムの同時最適化 |
| 機械の延長としての人間 | 機械の補完としての人間 |
| 課業の最大限の細分化，単純で範囲の狭い技能 | 最適な課業のまとまり，複数の広い技能 |
| 外的統制（監督者，専門スタッフ，手順） | 内的統制（自己制御的な下位システム） |
| 階層的な組織図，専制的スタイル | フラットな組織図，参加的スタイル |
| 競争・ゲームを志向 | 協働・合議を志向 |
| 組織の目的のみを志向 | メンバーや社会の目的も志向 |
| 疎外 | コミットメント |
| 低いリスク志向 | 革新 |

　出所：Trist (1981), p.53, Table. 2-4 を元に著者作成。

　社会システムと技術システムの両方を同時に最適化した社会―技術システム
は，一次的労働集団（職場集団など），組織全体（工場，会社など），マクロ社
会システム（コミュニティ，産業領域など）という三つのレベルで想定できる
が，最もミクロなレベルつまり一次的労働集団で提唱されたのが自律的作業集
団である。自律的作業集団は，仕事の進め方，分担，リーダー等をメンバー同
士で決める集団のことである。このような集団が生産性だけでなく労働者の満
足感の高さや離職・欠勤の少なさという点でも優れていることは，イギリスの
炭鉱だけでなく，インドの縫製工場などでも確認されている。

　自律的作業集団は，労働の人間化を図るための手段としても注目された。
1970年代当時の先進国では，ベルトコンベアによる流れ作業の中で単純化・
反復化された労働に対して従業員の不満が高まっていた。そこで，労働者の不
満を抑え，労働をより人間的なものに変えるための試みが北欧諸国で行われ
た。スウェーデンの自動車メーカーボルボ社が1970年代からカルマル工場，
1980年代からウデヴァラ工場で行った実験がその代表的な例である。これら
の工場では，ベルトコンベアによる組立ラインが廃止され，その代りに車を静
止させた状態で自律的作業チームによる組立作業が行われた。その結果，労働
者の満足感や生産効率の向上という一定の成果が見られた。ただし，会社全体
の業績の低下や方針転換により，両工場は1990年代に閉鎖された。

　一方，社会―技術システムの考え方に基づいてはいないものの，自律性を
もった集団活動として1960年代日本で開発されたのがQCサークルである。
QCサークルは，品質管理（Quality Control）や作業改善のために主に現場の
労働者が勤務時間中に集まってアイデアを出し合う集団活動である。この活動
は日本企業で広く普及するとともに，戦後日本の高度成長を支えた技法の一つ
として欧米にも輸出された。その結果，QCサークルはブームとなったが，欧
米ではその業績への効果が一時的・限定的とされている（Cordery, 1996）。

## 3.　新人間関係論

　ホーソン研究に始まる人間関係論は組織における非公式の人間関係の重要性
を発見し，職場集団が所属・愛情などの欲求（社会的欲求）を満たす場となる

ことを示した。しかし，労働者の高次の欲求にまで目が向けられていなかった。第2章で紹介したマズローの主張のように，人間が自己実現というさらに高次の欲求を持っているとすれば，人間を「社会人」としてだけでなく，「自己実現人」とみなすことができる。また，そのような人間モデルに基づくと，従業員の能力や働きがいを高めることによって組織の有効性を向上させるという新しいアプローチが可能になる。このように，人間関係論の流れを受け継ぎながらより広い視点から人間と組織の両立を図ろうとしたのが，ハーズバーグ，マクレガー，リカートらによって1950年代以降主にアメリカで展開された新人間関係論である。新人間関係論は，人間を使い捨て可能な消耗財としての労働力ではなく，能力や意欲への投資によって新たな価値を生み出す資源とみなしていることから，人的資源アプローチとも呼ばれる。

　新人間関係論において，高次の欲求を満たすための具体的方法として提案されたのが，個々人の担当する仕事内容の改善と集団・組織への参加である。仕事内容の改善方法としては，労働者の行う作業の種類やそれに要する技能の幅を広げる職務拡大，達成，承認，仕事そのもの，責任，などの動機づけ要因（第2章参照）を職務に取り入れる職務充実などがある。また，集団・組織への参加の方法としては，仕事の計画，手順，担当などの決定に労働者を参加させる参加的リーダーシップや公式的な制度としての参加的経営がある。

　これらの施策のうち，組織の様々なレベルにおける集団への従業員の参加が組織有効性を高めると主張するのが，リカート（Likert, 1961; 1967）の参加的経営論である。リカートは，参加的経営の特徴として，支持的関係，集団的意思決定，高い業績目標という三つを挙げている。支持的関係とは，従業員が組織の中で自分の価値や尊厳を認められていると感じるような組織‐個人の関係である。そして，高い業績目標を持つ集団に所属し，意思決定に参加することが支持的関係を実現し，従業員の可能性を最も発揮させるという。組織内の意思決定はトップダウンではなく，各レベルの集団のリーダーがさらに上位の集団のメンバーになって上下の集団間が連結され，決定が下から積み上げられたボトムアップになる。このような考え方は，連結ピンモデルと呼ばれる（図5-3）。

　また，参加的経営の三つの特徴は相互に関係し，作用し合うので，一貫した

図5-3　連結ピンモデル

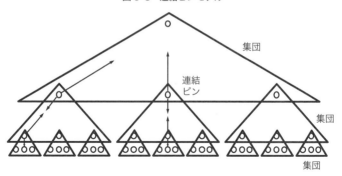

出所：Likert (1967)，邦訳 p.57, 図4-2 を元に著者作成。

形で（システムとして）導入すると効果的であるという。そのように意思決定が組織を通じて参加的に行われるシステムが参加型（システム4）であり，その反対に意思決定がトップで行われるのが独善的専制型（システム1），その間に温情的専制型（システム2），相談型（システム3）が位置づけられる。Likert (1967) は，あるパジャマ工場の経営方式をシステム4に変革した結果生産性の向上と離職率の低下が見られたことを報告している。

　参加的経営をさらに発展させたのが，「ハイ・インボルブメント」モデル（Lawler, 1986）である。インボルブメント（involvement）は，参加，関与などの意味を持つが，このモデルはまさに組織のトップからボトムまで全メンバーが事業に参加し自己決定することが組織の有効性を高めると主張する。メンバーのインボルブメントを高めるには，組織についての情報を提供し，決定の権限を与え，仕事に必要な知識・技能を教育・訓練し，その知識・技能に応じて報酬を支払う必要がある。そして，これら4種の資源（情報，知識，権限，報酬）を従業員に提供するための施策をシステムとして導入すると，従業員の動機づけ，満足感，意思決定の質，変化への受容性を通して組織業績が高まるとされ，その効果は様々な国での調査で実証されている（Vandenberg et al., 1999；小林, 2001, 2015）。

## ☕ フォード社の大胆な組織改革 ••••••••••••••••••••••••••••••••••

　フォード自動車といえば，流れ作業による大量生産で有名である。フォードシステムと呼ばれるこの生産方式は，自動車生産のモデルとなるとともに，フォード社を世界一の自動車メーカーに押し上げた。

　ところが，1990年代後半から業績が低下したため，2000年代に入って大胆な組織改革が行われた。伝統的な少品種大量生産から多品種少量生産へと生産方式を切り替えるだけでなく，トップダウン型の巨大ピラミッド組織をひっくり返し，現場の労働者に顧客情報や決定権限を与えようという試みだった。コントロールと服従に基づく管理から，参加とコミットメントに基づく管理へ180度の転換である。

　しかし，結果としてその後業績は改善しなかった。参加的経営が常にうまくいくわけではないことを示す一例である。会社内部の情報を得るのが難しいので失敗の原因は特定できないが，参加型の制度相互の適合と事業戦略との適合が不十分だったこと，組織内部の大きな抵抗を克服するだけの変革型リーダーシップが不足していたこと，制度の変更だけでは古い組織風土を変えることができなかったこと，などが考えられるだろう。

•••••••••••••••••••••••••••••••••••••••••••••••••••••••••••

## 🅜🅐🅣🅞🅜🅔

1. ホーソン研究は，従業員の態度・感情と非公式集団が生産性に影響を及ぼすことを明らかにし，人間関係論の出発点となった。

2. 社会－技術システム論は，技術システムと社会システムの同時最適化が生産性を高めることを明らかにし，自律的作業集団の理論的基礎となった。

3. 新人間関係論は，職務内容の拡大・充実と意思決定への参加が従業員の高次欲求の満足をもたらし，組織全体の業績を高めることを示した。

## 🅢🅐🅛🅐🅝🅘🅒🅑🅤🅝🅘

1. 部活動・サークル，ゼミ，アルバイト先などにおいて非公式集団がプラスとマイナス両面でどのような役割を果たすか考えてみよう。

2. ホーソン研究の配電器巻線実験で工員達は集団の作業成績に応じて給料がもらえたのに，なぜ会社が設定した基準まで仕事をしなかったのか。労働者の立場に立って生産制限の理由を考えてみよう。

3．参加的経営の有効性が確認されているにも関わらず，限られた企業でしか
　行われていないのはなぜか，フォード社の例などを通じて考えてみよう。

小林裕（2019）『戦略的人的資源管理の理論と実証：人材マネジメントは企業
　　業績を高めるか』文眞堂。

リカート，R.（1964）『経営の行動科学：新しいマネジメントの探求』ダイヤ
　　モンド社。

リカート，R.（1968）『組織の行動科学：ヒューマン・オーガニゼーションの
　　管理と価値』ダイヤモンド社。

レスリスバーガー，F. J.（1954）『経営と勤労意欲』ダイヤモンド社。

シャイン，E. H.（1981）『組織心理学』岩波書店。

大橋昭一・竹林浩志（2008）『ホーソン実験の研究』同文舘。

# 第6章
# 個人が集団に及ぼす影響

## リーダーシップ

## 1. みんなの力／一人の力

　4・5章では，集団が個人に及ぼす影響を検討したが，逆に個人が集団や組織に影響を及ぼすことはないだろうか。組織がメンバーの活動によって維持されているとすれば，たとえわずかでも個々のメンバーが集団や組織全体に影響を及ぼすかもしれない。だとすれば，その影響はどのように生じ，何によって左右されるだろうか。

　個人が集団に影響を及ぼしうるかどうか，日本の裁判員制度（2009年施行）を例に考えてみよう。この制度の趣旨は，国民が裁判に親しみ，司法に対する理解・信頼を深めることにあった。いわば，国民が裁判に参加する制度である。裁判では，裁判官3人と一般市民から選ばれた裁判員6人の計9人が被告の有罪・無罪や刑の重さを評議する，つまり集団による決定を行う（図6-1）。

図6-1　裁判員制度

出所：法務省 HP　http://www.saibanin.courts.go.jp

　4章で見たように，集団による決定では斉一性への圧力が生じるため，多数派と異なる意見を持つ人は自分の主張を抑え，多数派に同調しやすい。アッシュ（Asch, 1951）の古典的実験では，テーブルを囲んだ9人の学生に，1本の線（A）が描かれたカードと3本の異なる長さの線が描かれたカードを呈示し，どれがAと同じ長さの線か順番に答えさせた。その結果，8人のサクラ（実験協力者）が一致して間違った答を言うと，一人だけ何も知らずに参加した学生（実験参加者）は3回に1回の割合で多数派に同調した。明らかな正解があってもこれくらい同調が起こるとすれば，正解がすぐにわからない裁判ではさらに多く起こるだろう。また，集団による意思決定では集団成極化や集団思考のような病理的な状況が生じることもあるので，裁判員裁判でも最悪の場合冤罪が起きる危険性がある。

　しかし，このような状況でも個人の力が集団を動かすことがあるかもしれない。みなさんは，「12人の怒れる男」という映画を観たことがあるだろうか。舞台を変えて何度もリメイクされているが，大筋は同じである。一般市民から選ばれた裁判員（アメリカでは陪審員）12人が父親殺しの疑いをかけられた少年の有罪・無罪を裁くという設定で，最初ほぼ全員が有罪の意見だったのに話し合いの結果最後は全員一致で無罪の判決が下される。多数派を変えたのは，有罪判決にためらいを示すたった一人の意見であった。これはフィクションであるが，果たして現実にこのようなことが起こるだろうか。

　例えば，前述のアッシュの実験を一部変更し多数派のサクラのなかに一人だけ正しい答を言うサクラを入れると，実験参加者の同調率が大きく減少した。この結果は，一人でも正しい答を言い続ければ，正しいと思いながら言い出せない「2人目」の人を勇気づけられることを意味する。そして，2人になれば多数派への影響がさらに大きくなる。別の実験では，6人の集団に一人ずつスライドに呈示された色を答えさせたところ，その中に間違った色の答を一貫して言うサクラが2人いると，サクラがいない場合に比べて4人の多数派（実験参加者）の答に間違いが多かった（Moscovici, et al., 1969：図6-2）。この実験は，多数派に対する少数派の影響力を示すとともに，少数派が少しずつ味方を増やすことによって多数派に変わりうることを示している。「12人の怒れる男」でも，最初一人だった無罪派が少しずつ増えていき，最後に多数派に変

図6-2　少数派の影響

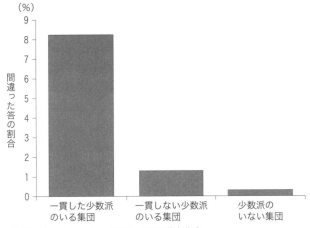

出所：Moscovici, et al.（1969）を元に著者作成。

わったのである。これが集団のダイナミクスである。地動説，エコロジー運動，タバコの禁煙など今や社会のなかで多数派になった意見や行動もかつては少数派だった。組織や社会の変化は，世代交代のなかで少数派が多数派に入れ替わるプロセスかもしれない。

## 2.　リーダーシップとは

　「12人の怒れる男」のように，一人のメンバーが集団，組織，社会に影響を与えることがある。それがリーダーシップである。リーダーシップはよく知られた言葉だけに人によって異なる意味で使われるので，ここでは集団と個人の間の影響力を研究したグループダイナミクス，そしてそこから発展した社会心理学の考え方に従うことにする。社会心理学におけるリーダーシップの一般的な定義は，「集団の個々のメンバーがその集団ないし集団メンバーに対して集団の目標達成や維持に役立つ方向で与える影響過程」である（図6-3）。

　この定義の第1のポイントは，リーダーシップが集団の目標達成や維持に対するプラスの方向への影響だということである。「闇将軍」のように足を引っ張る影響もありうるが，それはリーダーシップに含まれない。第2に，統率力

図6-3　リーダーシップ

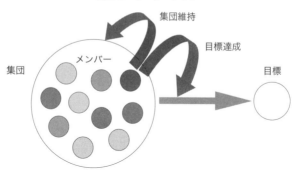

出所：著者作成。

という言葉からイメージされるような目標達成への影響だけでなく，「ムード
メーカー」のように集団の維持や存続に役立つ影響もリーダーシップに含まれ
る。第3に，「長」という肩書きのつく人でなくても，集団のメンバーは誰で
も多少の差はあれリーダーシップを発揮することができる。リーダーシップは
地位や権限のある人に限定されない。

　では，リーダーとは誰を指すのだろうか？……それは，集団メンバーのなか
で最もリーダーシップを発揮している人である。例えば，仲良しの友達3人
（A，B，C）で話し合って旅行の計画を立てる状況を考えてみよう。集団メン
バーの間に地位や権限の差はないが，日程，場所，予算を巡って，それぞれ
A，B，Cの意見が決定を導いたとすれば，リーダーシップは3人の間を移動
し，その都度リーダーが交代したことになる。他方，会社の課内旅行の計画を
立てる場合は，課長の意見が通りやすいかもしれない。その場合リーダーシッ
プは地位や権限のある人に固定されている。

　このように，地位や役割が未分化な集団ではリーダーシップが流動しやす
く，組織化された集団では固定されやすい。逆に言えば，集団を組織化し，地
位や役割を明確にするのは，特定の人にリーダーシップを発揮させやすい状況
をつくるためである。リーダーシップが流動する状況は個々のメンバーが自由
に意見を言える反面，葛藤や衝突が生じて意思決定が効率的に行われなくな
る。他方，リーダーシップが固定されれば，効率的な意思決定がなされるがメ
ンバーの自由は抑制される。これは，集団を組織化することに伴う根本的ジレ

ンマである。

# 3. リーダーシップの発生と有効性

　それでは，地位や権限を持つ公式リーダーのいない集団においてリーダーシップを発揮しリーダーになるのはどのような人だろうか。また，同じ「長」のつく立場にある人のなかでリーダーシップを発揮するのはどのような人だろうか。前者はリーダーシップの発生（自然発生的リーダー）の問題，後者はリーダーシップ有効性の問題と呼ばれ，リーダーシップ研究の中心課題となっている。

　どちらの課題を考える場合も前提となるのは，リーダーシップが個人から集団への影響，一般的に言えば人から人への影響，つまり社会的影響だということである。したがって，リーダーには社会的影響力をもたらす力があると考えられる。それが勢力（パワー）である。リーダーは様々な種類の勢力を持っていると考えられるが，影響を受ける側から見た場合一般的かつ重要なのが，(1) 報酬勢力，(2) 強制勢力，(3) 正当勢力，(4) 準拠勢力，(5) 専門勢力，である（French, et al., 1959：表6-1）。

　それでは，これらの勢力は，もともと人に備わっているものだろうか，それとも自ら獲得したり伸ばしたりできるだろうか，また組織によって与えられるものだろうか。そして，リーダーシップを発揮する上で勢力以外に何が重要だろうか。これらは，研究者にとってだけでなく組織を生きる人たちにとっても関心の高い問題である。公式リーダーの立場にいる人にとっては，どうすれば

表6-1　勢力の種類

| | 勢力を持った人に対する認知 |
|---|---|
| 報酬勢力 | 報酬（例：昇給）をもたらす能力がある |
| 強制勢力 | 罰（例：解雇）を加える能力がある |
| 正当勢力 | 行動を規制する正当な権利を持っている |
| 準拠勢力 | 同一視する，一体感を抱く |
| 専門勢力 | 特殊な知識を持っている，専門家である |

出所：French, et al. (1959) を元に著者作成。

リーダーシップを発揮できるか，経営者にとっては，どうすれば良いリーダーを選び，育てられるか，という疑問に答えることになるからである。

　リーダーシップの発生や有効性を決める条件については，理論だけでなく実証的な研究が主に社会心理学の分野で行われてきた。リーダーシップの発生の研究では，集団メンバーのなかで誰が目標達成や集団維持に最も貢献したか（「リーダー」だったか）指名させることでリーダーシップ（リーダー）を測定し，リーダーに選ばれた人とそれ以外の人の違いを調べるという方法が用いられる。他方，リーダーシップ有効性の研究では，集団の成績によってその集団の公式リーダーのリーダーシップを評価し，どのような要因がその評価に影響するか調べるという方法がとられる。

　それらの研究でどのような要因に焦点があてられてきたかを歴史的に見ると，人格特性論，行動類型論，条件適合論，認知論，変革論などに分けられる（図6-4）。まず，1920年代から1950年代にかけて盛んに研究が行われた後一旦衰退し1990年代に復活したのが人格特性論である。この立場は，リーダーの持つ能力や性格に注目する。つぎに，1950年代・60年代に研究が集中したのが行動類型論で，この立場はリーダーのとる行動パターンに注目する。1970年代・80年代に盛んだった条件適合論は，リーダーの特性や行動がリーダーの置かれた状況と適合しているかどうかに目を向ける。そして，1980年代以降盛んになる変革論は，集団・組織の変革に関わるリーダーシップに注目する。さらに，1990年代以降盛んになる認知論は，リーダーやそれ以外の集団メンバーの認知過程や情報処理に目を向ける。次章では，このうち最初の三つについて詳しく見ていくことにする。

図6-4　リーダーシップ研究の歴史

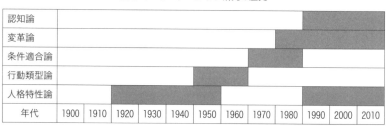

出所：Antonakis & Day（2018），p.8，Figure.1.1 を元に著者作成。

## 🍵 12人の優しい日本人 ・・・・・・・・・・・・・・・・・・・・・・・・・・・

「12人の怒れる男」と同じような状況がもし日本にあったら？　そんな想定で，日本に裁判員制度が導入される前に作られた「12人の優しい日本人」（1991年公開・中原俊監督・三谷幸喜脚本）は，みんなで話し合えば個人や少数の意見でも尊重され，正しい決定にたどり着ける，という民主主義の理想に疑問を投げかける。

　一人の陪審員の意見がみんなを動かしたのはそれが正しい意見だったからではなく，意図的な多数派戦略の結果かもしれない。主張の正しさではなく，話し合いの過程に潜む集団のダイナミクスが議論の行方を決めるのではないか。真実は神のみぞ知る。神ならぬ身の人間にとって，正しさ（というリアリティ）は集団や社会のなかで作られるのかもしれない。

　もう一つ，この映画は「周りに流されやすい日本人」というステレオタイプにも疑問を投げかける。確かに，12人のなかに自分の意見に自信が持てず，付和雷同する人物も描かれる。しかし，話し合いのプロセスでそのような人物が少しずつ「自分」を取り戻していく。「周りに流されやすい日本人」というステレオタイプは，しがらみの多い日本の組織で生きている人たちを観察した結果であり，普段の組織を離れた「裸」の日本人の集団では本当の姿が見えるのではないか？　それは，国や文化を超えた普遍的な人間像かもしれない。

　「12人の怒れる男」と「12人の優しい日本人」，二つの作品を併せて観ると，集団のダイナミクス，リーダーシップ，民主主義，文化の違いなどより深く考えさせられる。

・・・・・・・・・・・・・・・・・・・・・・・・・・・・・・・・・・・・・・・・・・・・・・・・

## 🔵 まとめ

1. リーダーシップとは，個々のメンバーが集団の目標達成や維持に役立つ方向で及ぼす影響過程をいう。
2. リーダーシップを発揮する人は，報酬勢力，強制勢力，正当勢力，準拠勢力，専門勢力などを持っていると考えられる。
3. リーダーシップの研究には，リーダーシップの発生とリーダーシップ効果性の2種類の課題がある。

## さらに学ぶために

1. 「リーダーシップ」は，一般的・日常的にどんな意味で使用されているか。心理学的な意味との違いを検討してみよう。
2. 「12 人の怒れる男」を観て，集団内でのリーダーシップの発生と流動のプロセスを分析してみよう。
3. 優れたリーダーと呼ばれる人を一人選び，その人がどのような勢力を持っているか資料等を使って分析してみよう。

## 参考図書

カートライト，D. & ザンダー，A. 編（1961）『グループ・ダイナミクスⅠ・Ⅱ 第 2 版』誠信書房。

渕上克義（2002）『リーダーシップの社会心理学』ナカニシヤ出版。

金井壽宏（2005）『リーダーシップ入門』日本経済新聞社。

三隅二不二（1984）『リーダーシップ行動の科学 改訂版』有斐閣。

斎藤勇 編（1987）『対人社会心理学重要研究集 1 社会的勢力と集団組織の心理』誠信書房。

# 第7章
# リーダーシップを発揮するための条件とは

## 人格特性か，行動か，状況か

## 1. 人格特性論

　リーダーシップを発揮するための条件は，個人がもともと持っている資質か，その人のとる行動か，それとも置かれた状況か？……本章ではリーダーシップの心理学的研究の中から，人格特性論，行動類型論，状況適合論に焦点を当てそれぞれの立場の違いを検討してみよう。

　まず，歴史的に最も古くから関心を集めてきたのが人格特性論である。心理学では，人間の人格（パーソナリティ）を構成する基本的な単位を特性と呼ぶ。ある種の人格特性がリーダーシップを発揮するための条件である，と主張するのが人格特性論である。モーゼ，チャーチル，ビル・ゲイツ……など偉人と言われる人のリーダーシップが歴史を動かすという伝統的な考え方（偉人説）が人格特性論の背景にある（Bass & Bass, 2008）。

　社会心理学では，リーダーシップを発揮する人にもともと備わった共通の人格特性があるという前提に立ち，リーダーとそれ以外の人達の人格特性の違いや有効な公式リーダーとそうでない公式リーダーの人格特性の違いを探る研究が1900年頃からたくさん行われてきた。それらの研究をまとめたStogdill（1948）およびBass（1990）によれば，多くの研究が人格特性とリーダーシップの間に関係があることを報告している（表7-1）。つまり，優れたリーダーについて多くの人が抱くイメージ（ステレオタイプ）どおり，支配性，自信，協調性，社交性などの特性を持つ人がリーダーになりやすかったり（リーダーシップの発生），そのような公式リーダーのいる集団の成績が良かったりする

表7-1　人格特性とリーダーシップの関係

| 人格特性 | 関係の方向 | + | | 0 または − |
| --- | --- | --- | --- | --- |
| | 文献レビューの実施年 | 1948 | 1970 | 1948 |
| 知能 | | 23 | 25 | 10 |
| 支配性 | | 11 | 31 | 6 |
| 独立性，非同調性 | | | 13 | |
| 自信 | | 17 | 28 | |
| 協調性 | | 11 | 5 | |
| 社交性，対人的技能 | | 14 | 35 | |

注：表中の数字は，リーダーシップとの間に＋（正），0（無関係）または─（負）の関係を報告した文献数を示す。
出所：Bass (1990), pp.80-81, Table.5.1 を元に著者作成。

（リーダーシップ有効性）。

　しかし，表7-1をよく見ると，知能や支配性はリーダーシップと無関係か負の関係にある，という研究も見られる。また，協調性がリーダーシップと正の関係にあるという報告がある一方，協調性と反対の意味を含む独立性・非同調性がリーダーシップと正の関係にあるという報告も見られる。Stogdill（1948）は，このように過去の研究に一貫性がないことから，リーダーに必要とされる人格特性は状況によって異なると結論づけ，その後人格特性に注目する研究は急速に衰えていった。しかし，1990年代以降パーソナリティ理論の発展とデータ分析技法の進歩によって人格特性論の人気が再び高まり，この立場を支持する新たな知見が得られている。例えば，Judge, et al.(2002) は，現代の一般的なパーソナリティ理論であるビッグファイブ（重要な五つの人格特性）に基づく78個の実証研究をメタ分析という手法でまとめ，ビッグファイブとリーダーシップの間に（一部を除き）有意な相関があり，神経症傾向以外は正の関係だったことを報告している（図7-1）。

図7-1　ビッグファイブとリーダーシップの関係

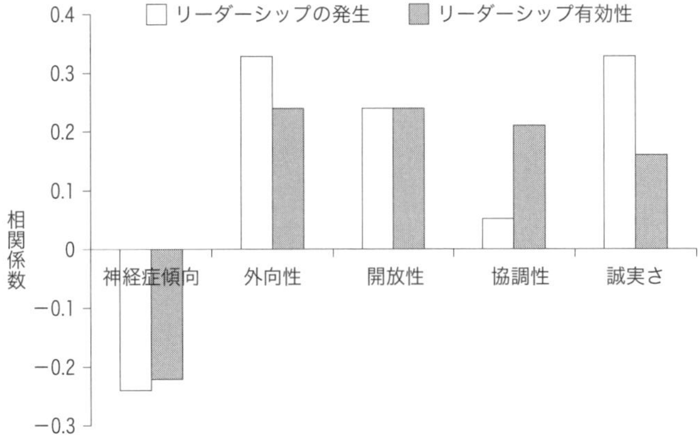

注：リーダーシップの発生と協調性の相関以外すべて有意。
出所：Judge et al. (2002), p.771, Table.4 を元に著者作成。

## 2. 行動類型論

　個人がもともと持っている人格特性ではなく，個人のとる行動パターンが
リーダーシップの発揮にとって重要であると考えるのが行動類型論である。グ
ループダイナミクスの創始者であるレヴィンの指導のもとで行われた一連の研
究（Lewin, et al., 1939; White & Lippitt, 1960）はこの考え方を画期的な実験
によって検証した。彼らは，三種類（専制型，民主型，自由放任型）の行動ス
タイル（表7-2）がとれるように大人を訓練した上で，その大人を 5 人ずつの
少年の集団に配置し，壁面構成などの課外活動を指導させた。指導者の大人は
定期的に集団を移動し，その都度行動スタイルも変更したので，各集団は異な
る人に異なるタイプの指導を受けるようになっていた。つまり，指導者の人格
特性の影響は相殺されるよう配慮されていた。

　実験の結果，指導者の人格特性ではなく行動スタイルによって集団の成績や
人間関係に違いが見られることがわかった。作業成績については，量は専制型
がやや優れていたが，質（作品の独創性）は民主型が優れており，質・量とも
自由放任型が最も劣っていた。また，専制型では指導者がいなくなると少年達

表 7-2　公式リーダーの 3 種類の行動スタイル

|  | 専制的 | 民主的 | 自由放任的 |
| --- | --- | --- | --- |
| 活動の方針 | すべてリーダーが決定 | メンバー間で話し合って決定。リーダーは補助。 | グループでも個人でも自由。リーダーは最低限の参加。 |
| 活動の手順 | リーダーがその都度指示。メンバーは見通しが持てない。 | リーダーが全般的な手順や選択肢を示し，メンバーが話し合う | リーダーは，材料を提供するだけ |
| 作業の分担 | リーダーが指示 | メンバー間で話し合う。好きな相手と仕事ができる。 | リーダーは関与しない |
| 作業の評価 | リーダーが個人的，主観的に評価 | リーダーが事実に基づいて客観的に評価 | リーダーは関与しない |

出所：White & Lippitt (1960)，三隅・佐々木訳編，p.630 表 28.1 を元に著者作成。

が作業をやめてしまったのに対し，民主型では指導者がいなくても作業を続け，作業への関心も高かった。つまり，子供達の動機づけは専制型では外発的，民主型では内発的だったのである。そして，自由放任型では課題への動機づけが低く，活動は遊び中心だった。

　さらに，人間関係の面でも専制型と民主型で違いが見られた。専制型では，集団によって指導者への攻撃と服従という異なるパターンの反応が子供達の中に生じ，攻撃パターンの集団では子供達同士の間でも攻撃性が高まった。その結果，一人のスケープゴート（いけにえ）に攻撃が集中し，その子供は集団から離脱した。これに対し，民主型は指導者と子供達，子供達同士とも人間関係が友好的で，子供達には集団全体を意識した発言が多く見られた。

　それでは，なぜ専制型にいわば「いじめ」が発生したのであろうか。レヴィンら（Lewin, et al., 1939）は，専制型の四つの特徴が「いじめ」を発生させる社会的風土，つまり目に見えない雰囲気を作りだしたと考えた。まず，一つ目は緊張状態である。専制型では，リーダーが指示や命令を多く行うため，子供達への社会的圧力となって高い緊張状態を生み出す。二つ目は自由な運動空間の制限である。専制型では，子供達の選択可能な行動範囲が狭められているため，緊張状態がさらに高まる。三つ目は集団構造の硬さである。専制型では，各メンバーが自分の目標に到達するまでに通り抜けるべき障壁が強固で，

集団から離脱するのを阻む壁も厚いため，緊張状態が一層高まる。そして最後の要素が，集団内で子供達が一般的にとっている行動パターン（文化）である。専制型では，自分の社会的地位を高め自由な行動空間を得るための手段として，攻撃的に他者を支配することが習慣になっていたのである。

　レヴィンらは実験的に構成した集団でリーダー行動の研究を行ったが，現実の職場集団でも調査研究が行われている。まず，ミシガン大学社会調査部の研究者たちは，様々な職種の公式リーダーの行動観察やメンバーからの聞き取りによって，仕事中心型と従業員中心型というリーダーの2種類の行動パターンを見出した（Katz & Kahn, 1953; Kahn, 1956; Likert, 1961）。そして，一定の作業手順，スピードで部下たちに仕事をさせようとする仕事中心型リーダーよりも，従業員の仕事への意欲に配慮し，それを高めるよう支援する従業員中心型リーダーの方が集団の成績が優れていることを明らかにした。ただし，最初二種類の行動パターンは一つの次元の両極であると考えられていたが，後に二つの別々の次元と考えられ，両方の行動パターンをとるリーダーの生産性が高いことも指摘されている（Kahn, 1956）。

　また，オハイオ州立大学の研究者たち（Halpin & Winer, 1957）は，リーダーの行動を測定するための質問紙尺度（Leader Behavior Description Questionnaire：LBDQ）を開発し，それを用いて様々な職種の集団で公式リーダーに対する部下からの評価を測定した。そして，評価結果を因子分析にかけ，配慮と構造づくりという共通因子を見出した。配慮は，部下の満足感や自尊心を高めるよう人間関係に気を配る行動であり，構造づくりは目標を達成するためにリーダーと部下の役割を明確にし，仕事のやり方を決め，部下の活動を促す行動である。両者は独立した次元と考えられ，どちらもメンバーの業績や満足感と正の関係にあることがわかっている（Bass & Bass, 2008）。

　日本でも三隅（1984）がリーダー行動の分類と効果性に関するPM理論を提唱し，国際的な評価を受けている。この理論によれば，リーダーの行動は，メンバーの仕事の目標や手順を明確にし，圧力をかける目標達成（Performance），リーダーとメンバー，メンバー同士の関係に気を配る集団維持（Maintenance）という二つの次元から成る。また，両次元の行動によって相乗的に集団の業績やメンバーの職務態度が高まるとされ，様々な職種での調

表7-3　二つの「不動の」行動次元

|  | ミシガン研究 | オハイオ研究 | PM 理論 |
|---|---|---|---|
| 課題（仕事）志向行動 | 生産性志向 | 構造づくり | 目標達成 |
| 人間（対人）志向行動 | 従業員志向 | 配慮 | 集団維持 |

出所：著者作成。

査・実験でその主張を裏づける結果が得られている。

　以上，リーダーの行動に注目した研究を三つ紹介したが，それらに共通するのは，リーダーの行動に課題（仕事）志向と人間（対人）志向という二種類の次元があり，どちらもリーダーシップ効果性に影響するということである（表7-3）。これらは「不動の」二次元と呼ばれている。

## 3.　条件適合論

　条件適合論（コンティンジェンシー論）とは，リーダーの特性や行動スタイルの効果が集団状況によって異なる，つまり集団条件に適合していれば効果性（集団の業績）が高まるという考え方である。適合とは一般に相性やマッチングの良さと言い換えることができる。人格特性論や行動類型論のように，リーダーの特性やその行動は確かに効果性に影響するが，それらだけでリーダーシップ効果性をすべて説明することはできないかもしれない。また，その影響は集団状況によって異なる可能性がある。

　条件適合論は色々な研究者によって提唱されているが，その元祖がフィードラー（Fiedler, 1967）である。フィードラーは，リーダーの特性（人間関係志向型か課題志向型かの1次元）の効果性は，リーダーにとっての集団の有利性という集団条件によって異なると主張した。また，その理論を実証するため，まず公式リーダーに「今までいっしょに仕事をしたなかで最も好ましくない人」（Least Preferred Cowoker）についての印象を聞き，印象評価の合計点（LPC 得点）の高い人を人間関係志向型リーダー，低い人を課題志向型（低LPC 型）リーダーに分類した。つぎに，リーダーと成員との関係，課題の構

造化（目標や目標達成の手続きの明確さ），リーダーの地位や勢力を尋ね，
リーダーから見た集団の有利性を測定した。そして，リーダーの特性と集団状
況と集団業績の関係を分析したところ，人間関係志向型のリーダーは集団の有
利性が中程度の時，課題志向型のリーダーは有利性が高いまたは低い時に有効
であることが明らかになった（図7-2）。

　もう一つの有力な条件適合論がSL（Situational Leadership）理論（Hersey,
et al., 1996）である。ハーシーらは，リーダーの行動スタイル（協働志向と課
題志向の二次元）の効果性は，メンバーの成熟度という集団条件によって異な
ると主張した。リーダーの行動スタイルの二次元はオハイオ研究の配慮次元と
構造づくり次元に対応しており，LBDQ尺度へのリーダーの回答で測定され
た。また，メンバーの成熟度（達成意欲，責任負担の意志・能力，教育・経
験）についてもリーダーの回答で測定された。その結果，メンバーの成熟度が
低い時は課題志向のみ高い「教示的」スタイルが，少し成熟度が上がると課
題・協働の両志向とも高い「説得的」スタイルが，さらに成熟度が上がると協
働志向のみ高い「参加的」スタイルが，そして最も成熟度が高い場合は課題・

図7-2　フィードラーの条件適合理論

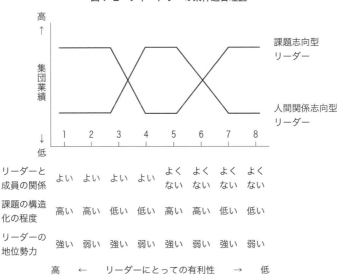

出所：Fiedler（1967），p.371 Figure.2 を元に著者作成。

図 7-3　SL 理論

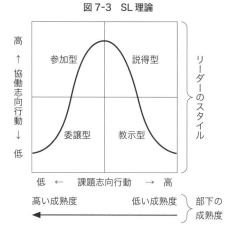

出所：Hersey et al. (1996)，山本・山本訳 p.197 図 8.7 を元に著者作成。

協働志向のどちらも低い「委譲的」スタイルが適していることが見出された（図 7-3）。

　「委譲的」スタイルをさらに推し進めると，「指揮者のいないオーケストラ」として知られるオルフェウス室内管弦楽団のように，公式リーダーが不要となるような集団状況も考えられる。そこでは，メンバーの能力，意欲，経験などが公式リーダーの役割を肩代わりしているとも言える。このように，メンバーの特性（経験・能力，専門志向など），仕事の特性（標準化された作業，内発的な満足が得られる仕事など），組織の特性（公式化，職場集団のまとまりなど）がリーダーシップの替わりになるというリーダーシップ代替性仮説（Kerr & Jermier, 1978）も提案されている。

### 🍵 オルフェウス室内管弦楽団 ●●●●●●●●●●●●●●●●●●●●●●●●●●●●●●●●●●

　オルフェウス室内管弦楽団は，グラミー賞受賞歴もあるアメリカの優れたオーケストラである。そして，指揮者なしでリハーサル，演奏，録音を行うことでも知られている。つまり，公式リーダーがいなくても高いパフォーマンスを達成しているのである。

　では，そこにリーダーシップは発生していないのだろうか。リハーサルの様子を見ると，メンバーたちが自由に意見を交換しながら，音楽を作り上げていくことが

わかる。そこでは，指揮者という公式リーダーに集中・固定されたリーダーシップがメンバーの高い能力とプロ意識によって代替されていると見ることもできるし，リーダーシップがメンバーの間で共有され，分散している（シェアド・リーダーシップと呼ばれる）という見方も可能だろう。

　オルフェウスプロセスと呼ばれるこのような組織運営の方法は，創造的な問題解決，戦略の立案・実行，そしてチーム内の葛藤解決に貢献しうるものとして，世界中の大企業やNPOに注目され，この方法に基づくリーダーシップ訓練プログラムも開発されている。ただし，このようなリーダーシップがどのような組織・集団でも有効か，例えば児童・生徒の集団や単純労働を行う集団においても一般化可能か，など議論の余地はあるだろう。

・・・・・・・・・・・・・・・・・・・・・・・・・・・・・・・・・・・・・・・・・・・・・・・・・・・・・・・・・・・・・・・・・・・・・・・

## まとめ

1. 個人の資質によってリーダーシップを説明しようとする人格特性論は近年再注目されているが，個人の資質だけではリーダーシップは説明できない。

2. リーダーの行動スタイルに注目した研究では，現場調査の結果から課題志向行動と人間志向行動という不動の二次元が見出された。

3. リーダーシップ発揮の条件としては，リーダーの人格特性，行動スタイル，そして特性・行動スタイルと集団状況の適合性が注目され，それぞれ説明力を持つ。

## さらに学ぶために

1. 集団状況に応じて有効なリーダーの特性（または，行動）が異なる例を日常的な経験に基づいて挙げてみよう。

2. リーダーの目標達成と集団維持の働きが矛盾する可能性はないか，あるとすればどちらを優先すべきか，またどのように調整すべきか考えてみよう。

3. 第一線監督者から中間管理職までのリーダーシップと組織全体の経営管理者（首相，社長，学長など）のリーダーシップの違いを検討してみよう。

## 参考図書

カートライト，D. & ザンダー，A. 編（1970）『グループ・ダイナミクスⅡ　第
　　2版』誠信書房。

フィードラー，F. E.（1970）『新しい管理者像の探求』産業能率大学出版部。

フィードラー，F. E.ほか（1978）『リーダー・マッチ理論によるリーダーシッ
　　プ教科書』プレジデント社。

ハーシー，P. & ブランチャード，K.H.（1978）『行動科学の展開』日本生産性
　　本部。

金井壽宏（2005）『リーダーシップ入門』日本経済新聞社。

三隅二不二（1984）『リーダーシップ行動の科学 改訂版』有斐閣。

# 第**8**章
# 組織の中で人はどのように変化するか

## 組織内キャリア

### 1. 組織内キャリアとは

　キャリア教育，キャリアプランなどキャリアという言葉を近年よく耳にするようになった。多くの大学でかつての就職課がキャリア支援課やキャリアセンターなどと名前を変えている。では，キャリアとは何だろう？……何となくわかっているが，改めて聞かれるはっきり答えにくいかもしれない。

　辞書を引くと，キャリアには，① 職業，② 成功・出世，③ 経歴・経験という三つの意味が書かれている（図8-1）。ここでは，前の二つを含む最も広い三つ目の経歴・経験という意味でキャリアを定義する。つまり，キャリアには

**図8-1　キャリア概念の整理**

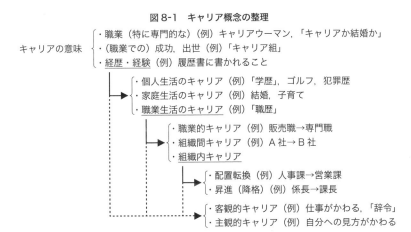

出所：著者作成。

職業生活だけでなく，家庭生活や個人生活も含まれるし，成功だけでなく「失敗」（例えば，犯罪歴）も含まれる。このうち，職業生活のキャリアはさらに，職業的／組織間／組織内の三種に分けられる。職業的キャリアはある職業から別の職業へ，組織間キャリアはある組織から別の組織へ，組織内キャリアは同じ組織のなかでの移動経歴である。また，これらの移動は同時に起こることがある。例えば，日本語の「転職」は，文字通り職業が変わること（職業間移動）だけでなく，同時に会社が変わること（組織間移動）も意味する。

　組織を職能（職業・職務），階層（地位の上下），中心性（信頼され，重要な情報にアクセスできる程度）という三次元で捉えると（図8-2：Schein, 1980），組織内キャリアはこれら三次元上の移動経歴と考えることができる。ただ，一般には最初の二つの次元での移動と考えられているので，本章でも組織内キャリアを職能の変化（配置転換）と階層の変化（昇進・降格）の組み合わせとして捉える。また，キャリアには以上のような外から見える客観的な部分だけでなく，自分の生活・特性・行動・経験についての見方の変化という主観的部分も含まれる（Hughes, 1937）。つまり，組織内キャリアは，客観的には組織のなかで人が経験する職能と階層の変化，そして主観的には自分自身についての見方の変化を意味する。

図8-2　組織の三次元モデル

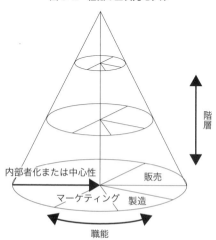

出所：Schein（1980），松井訳, p.19 図2-2 を元に著者作成。

　組織内キャリアの研究で最も重要なテーマの一つが，その規定要因である。なぜ同じ年に入社した人のなかで，ある人は様々な経験を積み，出世するのか，なぜ日本の会社では女性の管理職が少ないか，などの問題である。これについては大きく二種類の考え方がある（Rosenbaum, 1989）。一つは，心理学など個人的要因に焦点をあてる立場で，個人の能力・動機づけ・興味などがキャリアに影響する，つまり「個人がキャリアを決める」という考え方である。多くの人々は自分の望むキャリアを実現したい（できる）と思うから資格取得のために投資し自分の能力・技能を高めようとするのである。組織内キャリアの規定要因についてのもう一つの立場は，社会学など組織の構造的要因に焦点にあてる立場で，組織の制度・慣行・「暗黙のルール」などがキャリアに影響する，つまり「組織がキャリアを決める」という考え方である。自分では自由に移動できると思っていても，実際は組織のなかに見えないトラック（走路）があって，あるトラックに一旦振り分けられるとそこから抜け出せないのかもしれない。

　どちらの要因が影響するかを明らかにする上で有効なのが縦断的研究である。縦断的研究は，同一の対象者（集団）を異なる時点で比較する。例えば，ある会社に同じ年に入社した人の能力・動機づけ・興味などを測定しておいて，数十年後に管理職に昇進した人としなかった人の間でそれらに違いがあったか調べるというやり方である。もし違いがあれば，能力・動機づけ・興味などの個人的要因が昇進に影響したと推定できる。つまり，因果関係が明確になりやすい。組織内キャリアの構造的要因の影響も，新入社員の入社時からの教育・訓練や異動・昇進の経験を継続的に調査することによって明確になるであろう。ただし，縦断的研究は時間，手間，費用などのコストが大きく，対象者（サンプル）が途中離職などで脱落してしまうといった短所がある。

　その点，異なる対象者（集団）を同一の時点で比較する横断的研究は，コストが小さいものの，因果関係の推定が難しいという短所がある。ある会社に同じ年に入社した人たちを何十年後かに1回だけ調べ，昇進者と非昇進者の間に能力・動機づけ・興味の違いがあったとしても，それら個人的要因が昇進に影響したのか，昇進が個人的要因に影響したのかわからないのである。そこで，本章では，アメリカと日本で行われた代表的な縦断的研究の結果を紹介し，そ

れに基づいて組織内キャリアの規定要因を考えることにしよう。

## 2. 昇進の縦断的研究

　アメリカでの代表的な縦断的研究は，巨大電信電話会社 AT&T を舞台に行われた（Bray, et al., 1974）。この研究の目的は，新入社員の成長（昇進）がどのような指標によって予測できるかを検証することにあった。そこで，1950年代後半から60年代初めに入社した幹部候補生約450人に対して約30年にわたる縦断的調査が実施された。この研究では，新入社員の成長をもたらす要因として，潜在的能力，「仕事上の経験」，価値観の三つが想定され，それぞれの指標とその測定方法が開発された。まず，新入社員の潜在的能力は，入社時にアセスメントセンター（p.73のコラム参照）で多面的・多角的に査定され，その結果が昇進可能性という一つの指標に総合された。また，「仕事上の経験」については，本人と上司に毎年実施された面接によって，本人が刺激的でやりがいのある仕事を担当し，模範となる上司の監督を受けた程度が測定され，ジョブチャレンジという指標にまとめられた。そして，価値観については，毎年の本人への面接で九つの「ライフテーマ」をどの程度重視するかが測定され，それぞれが価値観の指標となった。その際，ホーソン効果の発生を抑えるため，測定結果は本人だけでなく上司や会社幹部にも伝えないようにした。

　その結果，上記の三つの指標（昇進可能性，ジョブチャレンジ，ライフテーマ）はすべて入社後8年目での昇進レベルと関係が見られた。まず，昇進可能性・ジョブチャレンジと昇進の関係を確認するため，昇進可能性の高さで二群に分けた上で，ジョブチャレンジの高さと入社後8年目での中間管理職への昇進率の関係を見たところ，昇進可能性高群の方が低群より昇進率が高いだけでなく，どちらの群でもジョブチャレンジの経験が多いほど昇進率が高かった（図8-3：Bray, et al., 1974）。この結果から，昇進には潜在的能力と仕事上の経験の両方が独自に影響することが確認された。また，個人の価値観の影響については，昇進群の方が非昇進群より入社時から「職業」というライフテーマを重視する傾向が強かった。また，その傾向が入社後の経過とともにさらに高まっていったことから，価値観と昇進の間には相互の影響が考えられた。さら

図8-3　昇進可能性，ジョブチャレンジと昇進の関係

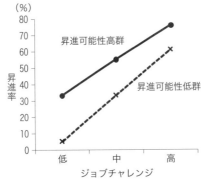

出所：Bray, et al. (1974), p.75 Table14 を元に著者作成。

に，昇進群と非昇進群には「職業」以外でも重視するライフテーマに違いがあり，それらをまとめると両群には拡大型（成長と社会への関心が高い）と内包型（伝統と内面への関心が高い）という対照的なライフスタイルが見られた。

　一方，日本での代表的な縦断的研究は，大手のデパートA社で行われた（若林, 1987；南, 1988）。調査対象者は，1972年に入社した大卒男子85人で，その後約13年間追跡調査が行われた。この研究で昇進の要因（指標）として測定されたのは，入社前の潜在的能力（入社試験の成績），出身大学ランク，最初の配属先，入社3年目までの垂直的交換，職務遂行（上司の評価），入社3年目での昇進可能性（上司・先輩・同僚による管理能力の評価）などであった。ここで，垂直的交換とは，上司－部下の間で相手への期待を明確に伝えること（役割期待交換）および上司が部下に自由な役割開発を許すこと（役割自由度）を意味し，これらは部下への質問紙調査で測定された。また，昇進の指標は，入社13年目の時点での昇進速度・昇進可能性・ボーナス額・給与額であった。A社では，入社7年目，10年目，13年目にそれぞれ係長，課長代理，課長に昇進する機会があり，それらの機会にどのくらい早く選抜されたかで昇進速度が測定され，昇進可能性は入社8〜12年目までの上司・先輩・同僚による多面的観察法で評価された。

　以上のデータに基づいて，昇進の予測指標と昇進の関係を分析したところ，潜在的能力と入社3年目までの垂直的交換が昇進に交互作用効果（潜在的能力

図 8-4　日本のデパート A 社での昇進の規定要因

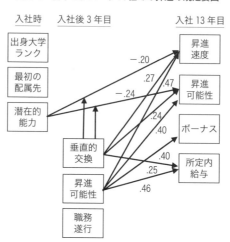

注：矢印は，階層的重回帰分析の結果有意な影響（p＜.05）が見られたパス。
出所：若林, 1987, p.6 表 3 を元に著者作成。

と垂直的交換の両方が低い場合のみ昇進にマイナスの影響）を示すとともに，入社 3 年目までの垂直的交換と入社 3 年目での昇進可能性が昇進に独自の影響を示した（図 8-4；若林, 1987）。つまり，A 社では，個人がもともと持っている能力よりも，入社後初期の上司との関係や周りからの評価によって昇進が左右される，ということになる。本人そして上司にも気づかれずに，組織内キャリアが早い時期に分化すると考えられるのである。

## 3.　昇進を決める要因

　昇進についての二つの代表的な縦断的研究の結果をまとめると，潜在的能力と入社後の経験の両方が昇進に影響するという点は共通するが，日本の A 社において潜在的能力より入社後の経験の影響が大きいという点に違いも見られる（図 8-5）。では，ここで見出された要因は個人的要因だろうか，構造的要因だろうか。まず，AT&T 研究の潜在的能力や価値観，デパート A 社の研究での潜在的能力は個人的要因である。入社前にもともと個人が持っていた能力や価値観が昇進に影響しているのである。ただし，潜在的能力の影響が会社に

図 8-5　昇進の規定要因

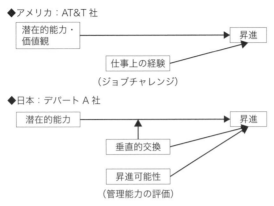

◆アメリカ：AT&T 社

潜在的能力・
価値観 → 昇進

仕事上の経験
（ジョブチャレンジ）

◆日本：デパート A 社

潜在的能力 → 昇進

垂直的交換

昇進可能性
（管理能力の評価）

出所：著者作成。

よって異なることからすると，そこに会社の方針という構造的要因が関わっていることも考えられる。

　次に，入社後の経験（ジョブチャレンジ，垂直的交換）はどちらの要因だろうか。新入社員は仕事も上司も選べないとすれば，会社に入ってからどんな仕事をするか，誰が上司になるかは偶然かもしれない。しかし，縦断調査の結果ジョブチャレンジには潜在的能力が，垂直的交換には出身大学が影響しているので，入社後の経験は一部個人の能力・努力・選択の結果である。また，入社後の経験が本人の能力や出身大学ランクに基づいて会社が職務や管理職の配置を調整した結果だとすれば，構造的要因も関与している。

　つまり，入社後の経験は，個人的要因と構造的要因のどちらかというより両者の「出会い」の結果だと考えられる。本人の潜在的能力と組織・仕事・上司がうまく適合すれば（個人－組織適合，個人－職務適合などと呼ばれる），入社後の経験はジョブチャレンジや垂直的交換が高まる。さらに，偶然をどのように受け止め，機会として活かすかが重要だと考えるハプンスタンスアプローチ（Krumboltz & Levin, 2004）からすると，仕事や上司との「偶然」の出会いを個人がジョブチャレンジや垂直的交換の機会として認識するかどうかがその後の仕事や上司との関係に影響する。つまり，入社後の経験は，本人の潜在的能力と組織・仕事・上司の適合だけでなく，両者の相互適応・相互影響の結

果でもある。

　さらに，日本のデパートA社において入社初期の昇進可能性の評価が13年
後の昇進に影響する過程には構造的要因の影響が確認できる。構造的要因は公
式の人事制度のように明示されている場合もあるが，人事担当者さえ気づかな
い，当然一般社員もわからない場合がある。A社に同期入社した調査対象者
が3回の昇進機会にどのようなタイミングで選抜されたかをキャリアツリーで
表すと（図8-6：若林, 1987），早い時期に昇進が遅れるとあとで取り戻しがき
かないトーナメント型（勝ち抜き型）の昇進選抜が行われていることがわか
る。この型の場合昇進機会は全員に常に等しく与えられるわけではない。そこ
では，組織メンバーのキャリアに一定のパターン（例えば，出世コース）が見
られたり，過去のキャリアが将来のキャリアを規定したり（経路規定），早い
時期の昇進があとの昇進を有利にする（初期昇進）などの特徴がある
（Rosenbaum, 1984）。A社では，このような昇進選抜の構造によって，入社初

### 図8-6　日本のデパートA社のキャリアツリー

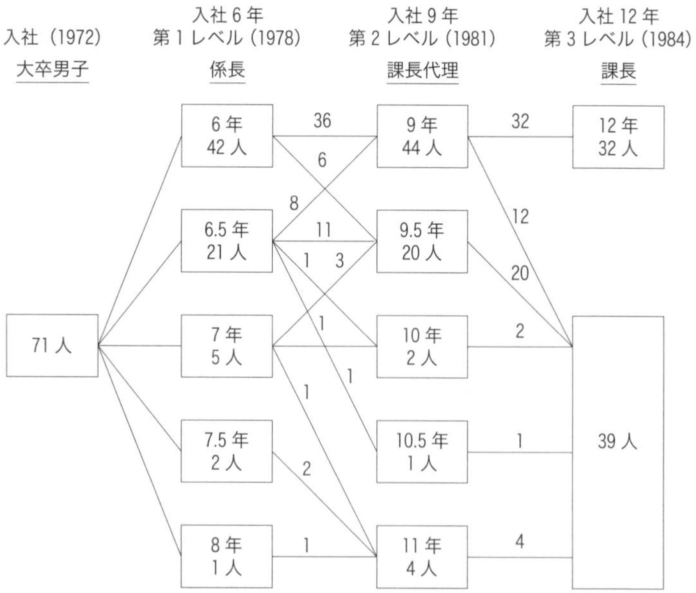

注：線の上の数字は枝わかれした人数を示す。
出所：若林（1987），p.8 図2を元に著者作成。

期の昇進可能性の評価が13年後の昇進に有利に働いたと考えられる。

　昇進選抜システムには，トーナメント型のほか，キャリアの最初から一部の
エリートだけが出世するスポンサー（庇護）型，その逆にいつでも全員が競争
に参加できるコンテスト（競争）型がある（Turner, 1960）。経営者から見た
場合，スポンサー型は一部の人だけにエリートになるための教育・訓練を行え
ばよいので，教育・訓練コストが抑えられる一方，それ以外の人たちの意欲が
低下するというデメリットを持っている。他方，コンテスト型ではすべての人
に機会が与えられているので全員の意欲が維持されるが，教育・訓練コストが
高くなる。その点，トーナメント型は徐々に選抜が行われるので，教育・訓練
コストを抑えながら多くのメンバーの意欲を維持できるというメリットがあ
る。昇進選抜だけでなく配置転換も含めたキャリア機会の構造化の仕組みを
キャリアシステム（小林, 2004）と呼ぶとすれば，組織内キャリアは，個人的
要因だけでなく，キャリアシステムという構造的要因によっても影響を受けて
いると考えられる。

### ☕ アセスメントセンター（assessment center）••••••••••••••••••••••••

　従業員の潜在的能力を多面的・多角的・総合的に査定するためのプログラム。対
人関係技能，管理能力など人間の持つ多様な能力・技能を，インバスケットゲーム，
集団討論，心理テスト，面接など多様な方法で測定し，複数の専門家が討論を行っ
て総合的に評価する。いわば，一人の人間を丸裸にしてしまおうという試みである。

　アセスメントセンターは，第二次世界大戦における諜報部員の訓練プログラムを
援用してAT&T社で開発された。AT&T社での縦断的研究の結果，この方法で測定
された潜在的能力が管理職昇進を規定することがわかったため，この査定方法の予
測的妥当性が確認された。昇進キャリアを予測するための研究は，能力査定プログ
ラムの開発研究でもあったわけである。

　このように，アセスメントセンターは優れた能力査定プログラムであり，日本で
も紹介されているが，必ずしも多くの企業で採用されているわけではない。その最
大の理由は，実施にかかるコストである。宿泊を伴う数日間の対象者の拘束，専門
スタッフの準備，それらに関わる費用など。しかし，この査定プログラムがなかな
か新入社員の選抜に利用されないのは，コストに見合う効用が得られないという合
理的判断よりも，採用候補者が自分たちの仲間として，つまり組織メンバーとして

受け入れられそうかどうかの判断の方が重視される暗黙の採用ポリシーが日本企業にあるからかもしれない。

・・・・・・・・・・・・・・・・・・・・・・・・・・・・・・・・・・・・・・・・・・・・・・・・・・・・・・・・・・・・・・・・・・

## まとめ

1. 組織内キャリアは，客観的には組織のなかで人が経験する職能と階層の変化のプロセス，そして主観的には自分自身についての見方が変化するプロセスを意味する。
2. 組織内キャリアの規定要因の研究には，縦断的方法が適しており，その代表例がアメリカの AT&T および日本のデパートでの昇進研究である
3. 昇進には，個人の潜在的能力・価値観，職務経験・垂直的交換，昇進選抜システムなど，個人的要因と構造的要因の両方が複雑に絡みあいながら影響している。

## さらに学ぶために

1. あなたが会社に就職したら将来昇進したいと思うか。そして，昇進願望は，10 年後，20 年後にどのように変化していると思うか。その理由とともに考えてみよう。
2. 組織内でのキャリアを自分の望む方向に伸ばしたり，変えたりできるだろうか。できるとすれば，どうすればよいか考えてみよう。
3. チームスポーツの場合，選手の選抜は個人的・構造的どちらの要因によって規定されているだろうか。企業での研究結果と比較して考えてみよう。

## 参考図書

小林裕（2004）『日本企業のキャリアシステム：機会と公正の社会心理学』白桃書房。

三隅二不二・山田雄一・南隆男 編（1988）『組織の行動科学』福村出版。

岡田昌毅（2013）『働くひとの心理学』ナカニシヤ出版。

シャイン，E. H.（1991）『キャリア・ダイナミクス』白桃書房。

山本寛（2003）『昇進の研究 3訂版』創成社。

# 第9章
# 日本の会社で女性管理職が少ないのは

## 組織内キャリアの男女格差を生む要因

## 1. 女性の組織内キャリア

　日本社会の男女格差は世界と比べて大きい。例えば，民間団体の世界経済フォーラムが発表したジェンダー・ギャップ指数は，149か国中110位だった（2018年調査）。その指数の算出に使われたデータの一つが管理職のなかで女性の占める割合であるが，日本の場合その割合は12%にすぎなかった（厚生労働省「雇用均等基本調査」，2017）。これは，女性の組織内キャリアが昇進の面で男性より限定されているということを意味する。さらに，女性は，組織内キャリアのもう一つの側面である，職能（職業・職務）上の移動の範囲でも制約されている。例えば，デパートの女子労働者の調査研究によれば，入社10年は最初の配属先に固定され（八代，1992），「販売は女性，管理は男性」という性別職務分離（木本，1995）が見られる。つまり，女性の組織内キャリアは，階層（タテ）と職能（ヨコ）の移動が制約されている（図9-1）。

　このような組織内キャリアの男女格差を是正するために作られたのが，男女雇用機会均等法（「雇用の分野における男女の均等な機会及び待遇の確保等に関する法律」1986年施行）である。そこでは，募集・採用，配置・昇進における男女の均等な取り扱いが事業主の努力義務として規定された。また，1999年の改正では，募集・採用，配置・昇進についての男女差別が禁止され，罰則が加えられた。さらに，2007年の改正では，間接差別の禁止が盛り込まれた。間接差別とは，性に無関係に見えるが，ある基準をあてはめると一方の性に不利益になる差別のことである。例えば，募集・採用の際に一定以上の身長・体

図 9-1　男女の組織内キャリアの違い

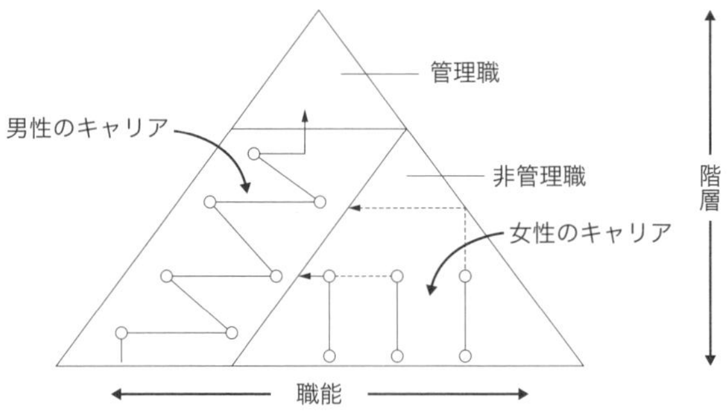

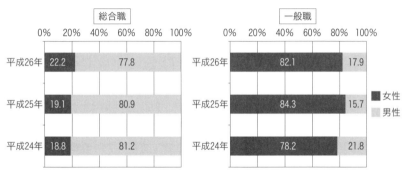

出所：八代（1992），p.30 図1を元に著者作成。

図 9-2　総合職・一般職採用者の性別内訳

出所：厚生労働省「コース別雇用管理制度の実施・指導状況」調査（2014）。

重・体力が必要という条件をつければ，間接的に女性が不利になる。組織内キャリアを総合職と一般職に分けて管理するコース別雇用管理制度は大企業の半数程度に導入されている（厚生労働省「雇用均等基本調査」，2017）が，総合職を採用する際に全国転勤可能であることを条件にすれば間接差別にあたる。

　以上のように，法的規制によって徐々に小さくなりつつあるが，組織内キャリアの男女格差は根深く残っている。最初に紹介した女性管理職の割合だけでなく，コース別雇用管理制度をとっている事業所で，総合職に占める女性の割合が約2割であるのに対し，一般職では逆に8割となっている（図9-2：厚生労働省「コース別雇用管理制度の実施・指導状況調査」，2014）。また，女性の

賃金は男性の約7割，勤続年数は男性の約7割（以上，厚生労働省「賃金構造基本統計調査」，2018），離職率は男性の約1.3倍である（厚生労働省「雇用動向調査」，2017）。

## 2. 男女格差をもたらす個人的要因

　組織内キャリアの男女格差をもたらす要因は何だろうか，つまり女性の職能と階層の移動が限定されているのはなぜだろうか。第8章では階層上の移動つまり昇進に焦点をあてて主に男性の調査データを紹介したので，本章でも女性の昇進に限定して，データからその要因を探ることにしよう。

　そこで，まず女性を雇う側の意見を聞いてみよう。厚生労働省「雇用均等基本調査」（2013）で，女性管理職が少ないあるいは全くいないと回答した企業にその理由を複数回答で聞いたところ，「現時点では，必要な知識や経験，判断力等を有する女性がいない」が最も多く，次いで「女性が希望しない」，そして「勤続年数が短く，管理職になるまでに退職する」などもそれぞれ10%程度見られた（図9-3）。つまり，企業側では，女性が昇進しないのは，経験・能力が足りない，昇進を希望しない，会社を早く辞めてしまう，など主に女性の個人的要因に原因があると考えている。しかし，これは本当だろうか。そこに構造的要因が隠れていないだろうか。

図9-3　女性管理職が少ない，あるいは全くいない理由

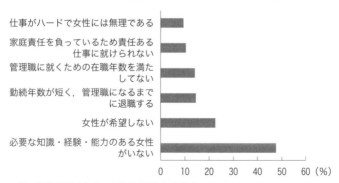

注：複数回答のため，合計は100%にならない。
出所：厚生労働省「平成25年度雇用均等基本調査（女性雇用管理基本調査）」（2013）。

　まず，能力や特性の点で女性がもともと管理職に向いていないのかどうかデータで確認してみよう。心理的特性や行動傾向の性差に関する研究のメタ分析の結果をまとめると，女性の罰感受性（罰を回避する傾向）の高さ，男性の刺激希求とリスクテイキングの高さ，職業興味（女性は人と働くことに興味を持つのに対し，男性はモノと働くことに興味を持つ）に性差が見られるが，それ以外はリーダーシップを含めわずかな差しかなかったり，一定の条件を設けて比較すると差の方向が逆転する（坂田, 2014）。つまり，管理職の適性において明確な性差は見られない。

　それでは，女性は本当に昇進を希望しないのだろうか。労働政策研究・研修機構の「男女正社員のキャリアと両立支援に関する調査」（2012）によれば，男性の場合「課長相当職以上」への昇進希望が一般従業員で5〜6割，係長・主任で7割程度であるのに対し，女性の場合一般従業員で1割程度，係長・主任で3割弱と明らかに女性の方が少ない。しかし，同調査で「昇進を希望しない理由」の回答を見ると，男性と比べて女性に多いのが，「仕事と家庭の両立が困難になる」「周りに同性の管理職がいない」「自分の雇用管理区分では昇進可能性がない」などで，女性自身の希望や好みというより，家庭や企業の側の制約が影響しているようである。

　さらに，前述のとおり女性が会社を早く辞めるのは確かであるが，その理由は何だろうか。これにも，家庭や企業の側の条件が影響している（阿部・松繁（編），2014）。一つは，上記の調査で女性従業員が昇進を希望しない理由に挙げていたように，家庭での責任が重いため，結婚や出産・育児といったライフ・イベントと仕事の両立が難しいからである。労働力人口（就業者と失業者の合計を生産年齢人口で割ったもの）を労働力率と呼ぶが，これを年齢別に見ると，女性の場合20代で高くなったあと30代で一旦低くなり，その後また徐々に高まる，というM字型になる（図9-4）。近年M字の底が浅くなり，その年代が後ろにシフトしているが，労働力率が一旦下がるのは，この年代の女性に結婚や出産・育児といったライフ・イベントが重なるからである。もう一つは，昇進を希望しない理由にもあげられているように，女性が希望しても組織内キャリアを伸ばせない組織の制度や慣行，そして目に見えない構造が存在するからである。

図 9-4　年代別労働力率

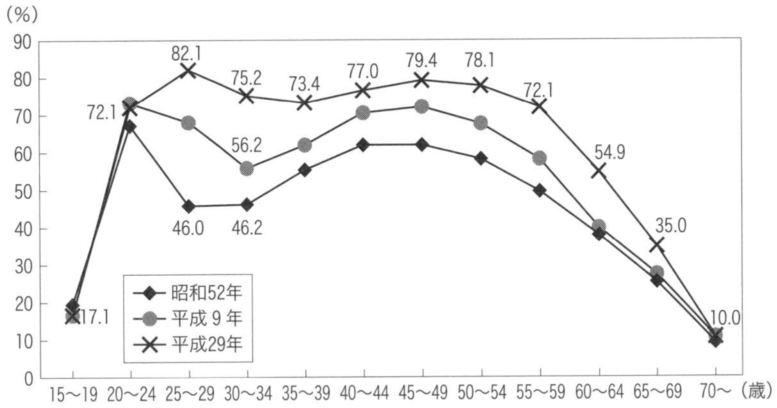

出所：内閣府「男女共同参画白書 平成 29 年版」(2017)。

## 3. 男女格差をもたらす構造的要因

　女性が希望しても組織内キャリアが制約される組織の構造とは何だろうか。男女雇用機会均等法の度重なる改正によって，女性を直接的に差別するようなキャリア管理制度はなくなりつつあるにも関わらず，実態として格差が残っているのは，「ガラスの天井（glass ceiling）」のように見えにくい機会の構造的制約があるからではないか。それを説明するのが統計的差別理論と偏見による差別理論である。

　統計的差別理論は，女性の退職率が統計的に見て男性より高いという事実に基づくと，企業が女性の昇進や賃金を抑えるのは合理的な行動であると主張する。入社後に必要となる技能の訓練費用は会社が負担しなければならず，また能力や意欲のある女性を簡単に見分けられないとすると，退職可能性の高い女性全体に対して教育訓練機会を減らさざるを得ない。その結果，女性の能力・技能が高まらないので，女性を差別しようとする意図がなくても，女性の昇進・賃金が低く抑えられてしまうというのである。

　もう一つの偏見による差別理論が，意識的にせよそうでないにせよ，女性に対する偏った見方によって差別が生じるという考え方である。誰もが多少の差はあれ，潜在的に偏見を持っているので，それが女性に対して組織という場で

表に現れたと考えられる。女性への偏見が顕在化するメカニズムは，まず対象となる個人を男女に区別するところから始まる。これが性別カテゴリー化である。性が区別されると，ジェンダー・ステレオタイプが活性化し，相手に対してそれが当てはめられる（ジェンダー・ステレオタイプ化）。ジェンダー・ステレオタイプとは，女性・男性という社会的カテゴリーのメンバーに関する知識構造である（坂田, 2014）。ジェンダー・ステレオタイプの内容には，男性の場合自信，独立，冒険心，決断力，支配，強さ，競争などが含まれ，女性の場合配慮，相互依存，温かさ，繊細，養育，従属性，協力などが含まれる。そして，ステレオタイプが偏った内容を持ち，かつマイナスの感情（嫌悪，軽蔑，敵意など）を伴うと偏見となり，それが行動に現れた場合差別となる。

　ジェンダー・ステレオタイプは，幼少期から学習されるので，安定した知識として蓄えられ，また変化に対する抵抗も大きい。そのようなステレオタイプを持った人は，自信や決断力があり支配的な行動を示す「男性的」な女性がいても，そのような事実を無視して，依存的，従属的といった，ステレオタイプに合致する女性の存在にだけ目を向ける（仮説検証型判断または確証バイアス）ため，ステレオタイプ自体を変えずにいることができる。また，ジェンダー・ステレオタイプを持った人は，相手の女性をステレオタイプに合わせて変えてしまう可能性がある。例えば，女性が従属的であるというステレオタイプを持った人は，女性に対して管理能力を高める機会を与えないため，結果としてその女性は管理能力を獲得できず，昇進しないという結果が生じる。これは，自己充足的予言の一種である。一般に，男性に比べ女性の成功は，その原因が個人の安定した特性よりも，運や偶然など外的要因に求められやすい（Aronson, 1992）ので，そのような原因帰属パターンの性別による違いが女性の能力・意欲を高める教育・訓練を抑制させている可能性もある。さらに，女性は管理職向きではないという否定的なステレオタイプを女性自身が受け入れると（自己ステレオタイプ化），実際に管理職になったとき自分も失敗するのではないかという不安から本当にうまくいかなくなるということが起こる。これがステレオタイプ脅威である。

　統計的差別理論と偏見による差別理論のどちらに妥当性があるかについては，多くの実証研究が行われているが，明確な結論は出ていない。例えば，女

性の離職率の高い企業ほど男女の処遇格差が大きいという結果（川口, 2008）は統計的差別理論と整合的だが，離職率が格差に影響したのかその逆かはわからない。他方，女性の雇用比率を高めた企業ほど利益も増えたという時系列データの分析結果（佐野, 2005; Kawaguchi, 2007）は女性の生産性が男性よりも高いことを示しているので，能力や意欲の低さを理由に女性差別を説明するのは，合理的根拠のない偏見の可能性がある。

## 4. 組織内キャリアを伸ばすために

　これまで見てきたように，女性の組織内キャリアも，男性と同様個人の希望や選択によって左右されると同時に，組織の見えにくい構造によって制約されている。個人として組織内キャリアを伸ばすために何ができるか，改めて考えてみよう。

　まず，男性との待遇差の小さい企業を選ぶことが考えられる。例えば，全国35大学を卒業し民間企業に就職した女性の10年後の状況を調査したところ，就職先企業の男女の待遇差が小さいほど企業内に定着しかつ専門性を高めるキャリアをたどる傾向が見られた（小杉, 1995；図9-5）。

　また，入社後にやりがいのある仕事を幅広く経験し，理解ある上司と出会うことも重要である。例えば，小売業の会社で管理職をしている女性に面接調査したところ，ほとんどの人が入社時は結婚退職を予想していたものの，部門間・店舗間の配置転換，管理職の代行，新しい職務の開発など幅広い経験を積んだことや，「上司に恵まれた」ことがきっかけで管理職になったと答えた（八代, 1992）。

　仕事や上司との出会いは，前章でみた男性の昇進キャリアの要因と共通している。つまり，女性の場合もジョブチャレンジや上司との垂直的交換が組織内キャリアを伸ばす働きをする。また，ハプンスタンスアプローチ（Krumboltz, & Levin, 2004）が示唆するように，出会いを機会と意味づけて活かす一方，自己ステレオタイプ化，ステレオタイプ脅威に陥る危険性を女性自身が認識することも大切である。

図9-5　大卒女性の組織内キャリアと企業属性の関係

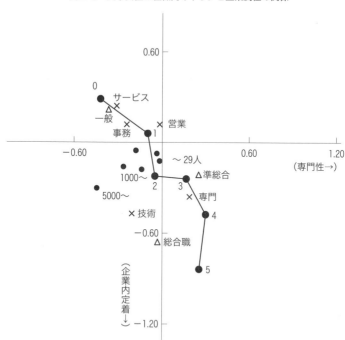

注：●0〜5　大卒男子との待遇差。数値が大きいほど待遇差が小さいことを示す。

出所：日本労働研究機構（1995），図Ⅱ-12
　　　http://db.jil.go.jp/db/seika/zenbun/E2000012607_ZEN.htm

## 🍼 マミー・トラック ••••••••••••••••••••••••••••••••••••

　ファスト・トラックが出世コースなら，マミー・トラックは母親コース。子供を
もつ女性が育児と仕事の両立を図る一方，出世コースからはずれ，昇格や昇進の望
めない仕事に限定・固定されてしまう状況を指す。

　会社が子供を持つ女性にフレックスタイムなどで勤務時間や労働時間に配慮しつ
つ，補助的な業務しか与えない場合，結果的に彼女たちのキャリアを限定してしま
うことになりやすい。マミー・トラックに陥った女性はやりがいのない仕事や昇進
キャリアの見通しの低さから意欲を失い，離職に至る場合もある。

　マミー・トラックには，職場の男女均等支援や仕事と育児の両立支援が十分でな
いなど，組織の制度や風土の問題が関わっている。他方，女性個人がマミー・トラッ

クをやむをえず選択する場合でも，私生活の充実や子育て終了後の長期的なキャリ
ア展望を持つなど，様々な対処戦略が考えられるだろう。

## まとめ

1. 女性の組織内キャリアの特徴は，職能と階層の移動の制約にある。
2. 組織内キャリアの男女格差には，個人的要因と構造的要因が関わっている
   が，構造的要因は，統計的差別理論と偏見による差別理論による説明が有
   力である。
3. 女性の組織内キャリアの伸張には，仕事上の経験や上司の理解が関わって
   いる。

## さらに学ぶために

1. 女性がキャリアを組織内で伸ばすためにはどうすればよいか。自分ででき
   ること，企業がすべきことを整理してみよう。
2. 組織のなかで女性が成功した場合，周囲はその原因を何に帰属させるか。
   男性が成功した場合と比べてみよう。
3. 組織内キャリアを伸ばした女性の事例を読んで，その要因が男性の場合と
   同じか異なるかを分析してみよう。

## 参考図書

阿部正浩・松繁寿和 編（2014）『キャリアのみかた 改訂版』有斐閣。

川口章（2008）『ジェンダー経済格差』勁草書房。

アロンソン，E.（1994）『ザ・ソーシャル・アニマル』サイエンス社。

## 第10章
# 日本の労働者はなぜ働きすぎるか

組織コミットメント

## 1. 日本で働く人たちの労働時間

近年，ニュースで過労死がよく取り上げられる。欧米では，「KAROSHI」とローマ字表記されていることから，日本独特の現象として捉えられていることがわかる。少し前には，会社に身も心も捧げたサラリーマンを「会社人間」と呼んでいた。これらの言葉は，日本の労働者の働きすぎを象徴しているようである。

それでは，実際に日本の労働者がどの程度働いているか，1年間の一人当たり平均の総実労働時間（労働者が実際に働いた時間）を諸外国と比較してみよう（図10-1）。統計の取り方が違うため単純な比較は難しいが，欧米先進諸国との比較でみると，日本はアメリカ，カナダなどと並んで長い方であることがわかる。また，日本の総実労働時間を長期的にみると減少傾向にあるが，その主な理由は労働時間の短い非正規労働者が増加したためで，正規労働者の労働時間は変化していない（図10-2）。

働きすぎの問題を考えるとき，労働時間の長さだけでなく，その中身も重要である。一つは，いわゆる残業時間である。図10-2を見るとわかるように，総実労働時間のうち所定内労働時間（就業規則等で決められた始業時刻と終業時刻との間の労働時間）は減っているが，所定外労働時間（早出，残業，休日出勤）は減っていない。所定内労働時間は国の法律や指導によって一律に減らせるが，所定外労働時間は個々の企業の人的資源管理とその従業員の心理・行動が絡むのでその削減は簡単ではない。

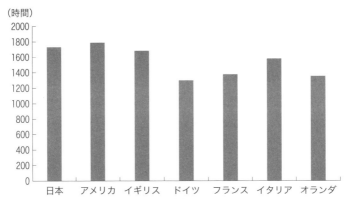

図 10-1　労働時間の国際比較（2016 年）

注：自営業者を除く。従業員 5 人以上の事業所。
出所：労働政策研究・研修機構「データブック国際労働比較 2018」
　　　https://www.jil.go.jp/kokunai/statistics/databook/2018/index.html

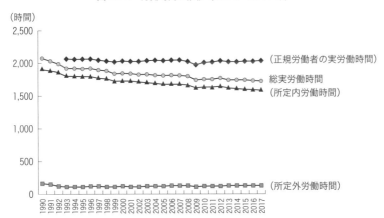

図 10-2　労働時間の推移（1990−2017 年）

注：事業所規模 5 人以上。
出所：厚生労働省「毎月勤労統計調査　平成 29 年分結果速報の解説」（2017）
　　　https://www.mhlw.go.jp/toukei/itiran/roudou/monthly/29/29p/dl/sankou29cp.pdf

　さらに大きな問題がサービス残業である。サービス残業とは，賃金が払われ
ていない残業のことを言う。サービス残業の存在は，「毎月勤労統計調査」（厚
生労働省）と「労働力調査」（総務省）の労働時間を比較すると間接的に推定

できる。労働時間の国際比較（図10-1）や時系列比較（図10-2）によく使われる「毎月勤労統計調査」が，事業所の申告に基づいているのに対して，「労働力調査」は労働者個人の回答に基づいている。二つのデータを比較すると，「労働力調査」のほうが「毎月勤労統計調査」より労働時間が少なくとも月15時間程度長い（神林, 2010）。回答主体以外の条件も異なるので単純な推定はできないが，この差は事業所が国に報告している残業時間（法律に基づいて割増手当を支払っている残業時間）よりも長く労働者が働いている可能性を示している。労働組合のある事業所において労働者個人に直接聞いたところ，サービス残業をせざるを得ないと回答した人の割合は43％，サービス残業は月平均17時間と報告されているので（連合「労働時間に関する調査」, 2014），サービス残業が広く行われている実態がうかがえる。

　働きすぎに関わるもう一つの問題は，日本の労働者が休暇をあまり取っていないことである。労働基準法では労働者に毎年一定日数の休暇を有給で取得する権利が認められているが，実際に取得された日数は50％程度にとどまっている。その結果，ほぼ100％取得されている欧米に比べ有給休暇の日数が少なくなっている（図10-3）。

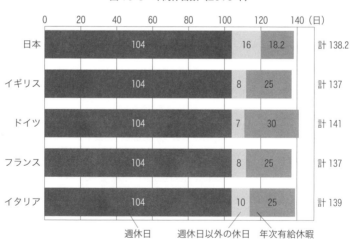

図10-3　年間休日数（2016年）

出所：労働政策研究・研修機構「データブック国際労働比較2018」
https://www.jil.go.jp/kokunai/statistics/databook/2018/index.html

以上のように，労働時間全体の長さだけでなく，所定外労働時間，サービス残業，有給休暇取得率の低さなど，本来働く必要のない時間の長さを考えると，日本人は働きすぎと見られても仕方ないであろう。

## 2. 組織コミットメント

　日本の労働者が正当な報酬を受けとらずに残業をしたり，権利があるのに十分休暇をとらないのはなぜだろうか。連合総研「勤労者の仕事と暮らしについてのアンケート」調査（2010）で多かったサービス残業の理由は，「時間どおり申告しづらい雰囲気だから」（41.1％）で，次いで「何となく申告しなかった」（18.8％）であった（図10-4）。また，連合「労働時間に関する調査」（2015）で，年次有給休暇を消化できない理由を聞いたところ，「人手不足のため，年次有給休暇を取ると業務に支障が生じるから」（45.6％）に次いで多かったのが「年次有給休暇を取りづらい雰囲気があるから」（30.9％）であった。

　これらの回答は，サービス残業や有給休暇の取得率の低さの原因が，明確な指示・命令ではなく，目に見えない組織風土にあることを示唆する。組織風土は，組織の制度や管理職のリーダーシップの影響を受けるので，組織の側の要

図10-4　サービス残業をする理由（2010年）

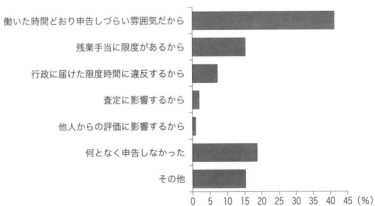

出所：連合総研（連合総合生活開発研究所）（2010）．第20回「勤労者の仕事と暮らしについてのアンケート」調査報告書　http://rengo-soken.or.jp/report_db/pub/detail.php?uid=215

因と考えることができるが，同時に組織風土は管理される側の従業員が形成・維持している側面もある。そこで，組織コミットメントという概念を使って，そのような風土を生み出すメンバー個々人の心理を考えてみよう。

　まず，コミットメントは，人が特定の行動に拘束されること，一般的な言い方では特定の行動への責任ある関与のことを言う。例えば，アメリカのオバマ前大統領が核なき世界の実現への「コミットメント」を宣言したプラハ演説(2009)は，核廃絶活動への責任ある関与が評価され，ノーベル平和賞受賞につながったと考えられる。次に，組織コミットメントは，組織への関与，厳密に言えば「従業員と組織との関係を特徴づけ，組織への参加継続の決定に関わる心理的状態」(Meyer & Allen, 1991)を意味し，三つの次元を含んでいる(Meyer & Allen, 1991; 1997)。一つは，組織への情緒的愛着や同一化を意味する感情的コミットメントである。このコミットメントが高い場合，組織への参加を続けるのはそう「したい」からである。二つ目が，組織からの離脱に伴うコストの知覚に基づく継続的コミットメントである。このコミットメントが高い人が組織への参加を続けるのは，その「必要がある」からである。組織への参加によって得られるものと犠牲になるものを計算して参加を続けるかどうかが決定される。三つ目が，参加を継続することへの義務感に基づく規範的コミットメントで，このコミットメントが高い人が組織への参加を続けるのは，そう「すべき」だからということになる。

## 3.　日本の労働者と組織コミットメント

　さて，日本の労働者の働きすぎは組織コミットメントという概念によってどのように説明できるであろうか。すぐに思いつくのが，日本人は組織への感情的なコミットメントが高いから働きすぎるという説明である。組織に感情的にコミットしている人は，組織と同一化しているので，自分自身の直接的な利益にならなくても組織のために貢献しようとするであろう。同一化による動機づけである。勤続年数が長く地位の高い社員は感情的コミットメントが高いという報告がある（鈴木, 2002）ので，一部の日本人の働きすぎはこの種の組織コミットメントで説明できる。かつてアメリカやオーストラリアの教科書には，

忠臣蔵（p.91 のコラム参照）を例に日本人が自分自身や家族よりも組織に対する忠誠心を尊重すると書かれていたが（朝日新聞, 1994），現代の日本でも一部の人にはその傾向が当てはまる。とは言え，組織への忠誠心の高さは日本人一般に当てはまらないだろう。つまり，そのような見方は日本人に対する（そして日本人も受け入れている）ステレオタイプではないだろうか。

　様々な調査の結果によれば，実際に，日本人の感情的組織コミットメントは全体としてみると高くない。例えば，東京とロスアンジェルスで実施された質問紙調査の結果では，会社への一体感や満足感が高い人の割合は，アメリカ人より日本人の方が少なかった（図10-5：渡辺, 1999）。そして，感情的組織コミットメントが低いにも関わらず会社に長くとどまる人が多いという不思議な結果，いわば態度と行動の矛盾が報告されている。サービス残業や有給休暇取得率の低さは，日本人が自分の利益よりも組織・集団の利益を優先するという点で集団主義的な行動を取っていることを示すが，個々人の集団主義的な態度を測定すると日本人が必ずしも高いわけではない（高野, 2008）。このように，集団主義についても態度と行動の矛盾が確認されており，日本人の心理・行動を理解する上で大きな謎となっている。

図10-5　日米比較調査の結果

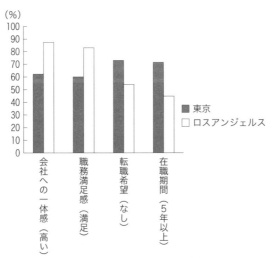

出所：渡辺（1999），p.41 表2-3 をを元に著者作成。

　このような矛盾を説明する一つの考え方は，調査方法に注目することである。国際比較研究には常につきまとうことであるが，言語の違いがあるので，質問が同じ意味で理解されていない可能性がある。また，回答の仕方にも文化的バイアスがあり，日本人の方が「どちらでもない」といったあいまいな回答をしやすいということも知られている。また，サンプリングの問題も考えられる。上記のように，中高年は感情的コミットメントが高いので，調査対象者が若年層に偏ると，感情的組織コミットメントが低くなるのである。

　もう一つの考え方は，組織コミットメントの種類を分けた上で，日本人の特徴を探ることである。例えば，組織コミットメントの国際比較データ（1997）を再分析した板倉（2001）は，日本人が高いのは，組織コミットメントのうち「積極的態度」ではなく，「残留」であることを見出した（図10-6）。つまり，日本人は，組織コミットメントの3次元でいえば感情的コミットメントより継続的コミットメントの高さに特徴があるという可能性が示唆されたのである。前述の渡辺（1999）の調査結果で，アメリカ人より日本人の方が在職期間が長く，転職希望が少なかったのは，組織への一体感や集団主義的態度が高いから

図 10-6　組織コミットメントの国際比較

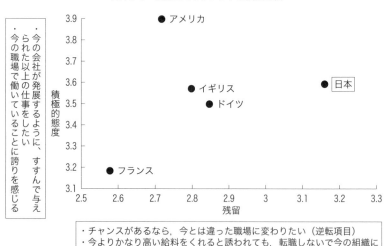

・チャンスがあるなら，今とは違った職場に変わりたい（逆転項目）
・今よりかなり高い給料をくれると誘われても，転職しないで今の組織にとどまりたい

注：ISSP 調査データ（1997）の再分析。四角の枠内は調査項目例。
出所：板倉（2001），p.97 図2を元に著者作成。

ではなく，組織にとどまること自体にメリットがあるからかもしれない。それ
は，集団メンバーとの接触の長さによって生じる社会的資本（集団内での位
置・発言権・権力行使）であり，そのメリットは集団を変われば当然失われて
しまう（中根, 1967）。

　そして，組織に「長く居るだけでいいことがあり，移ると損をする」社会で
は，組織に貢献しないで利益だけを得ようとする人の発生を抑えようとする傾
向が高まる。そのような「タダ乗りする人」（フリーライダー）に不公平感や
不満感を抱いた周囲の人たちは別の組織に移ると損をするので，自分たちで
「相互監視と相互規制のしくみ」（山岸, 1999）を作り，「タダ乗り」を抑制し
ているのである。つまり，一見すると感情的組織コミットメントが高そうな日
本人の仕事ぶりは，個々人が望んで行っているわけではなく，同調を求める集
団的圧力から生じている可能性がある（Lincoln & Kalleberg, 1990）。集団主
義的な態度を持っていなくても，集団主義的な行動を取らざるを得ないのは，
そのような圧力を感じるからである。そして，それが，サービス残業をしてし
まったり，有給休暇を申告しにくい組織風土を生み出すのである。

### ☕ 忠臣蔵 ●●●●●●●●●●●●●●●●●●●●●●●●●●●●●●●●●●●●●●●●●●●●●●

　赤穂浪士のかたき討ち事件を題材に創られた浄瑠璃，歌舞伎狂言などの作品の総
称。現代でも映画やテレビドラマにたびたび取り上げられる，日本人に人気のストー
リーである。

　江戸時代中期実際に起こったこの事件は，赤穂藩主浅野内匠頭（あさのたくみのかみ）が旗本吉良上野介（きらこうずけのすけ）
に江戸城中において刃傷に及んだことが発端だった。この「松の廊下事件」を起こ
した浅野内匠頭には即日切腹，赤穂藩お取りつぶしの断が下された一方，相手の吉
良上野介に対しては何のおとがめもなかった。これに怒った家老の大石内蔵助（おおいしくらのすけ）以下
47人の赤穂藩士が約2年後吉良邸に侵入，吉良を討ち取って主君の仇討を果たした。
その後，藩士たちは幕府の命により全員切腹した。

　現代に置き換えれば，会社のために不正と知りながら違法行為を犯し，その結果
処罰されたり，自殺したりするケースが考えられる。忠臣蔵の人気は，主君や藩へ
の忠誠心が共感を呼ぶからと考えられるが，それだけではないだろう。討ち入りに
参加しなかった藩士の数の方が多かったことやその藩士たちが事件前後に深い葛藤
や疎外を経験したことからすると，組織への忠誠心，世間体，功名心，家族愛など

の間で悩む姿に現代の日本人も我が身を重ね合わせているからかもしれない。

・・・・・・・・・・・・・・・・・・・・・・・・・・・・・・・・・・・・・・・・・・・・・・・・・・・・・・・・・・・

## まとめ

1. 日本の労働時間は短くなったが，他の先進国との比較，サービス残業，有給休暇取得率の低さなどを考えると働きすぎである。
2. 働きすぎの問題に組織コミットメントの視点からアプローチする場合，感情的，継続的，規範的という三つの側面を区別する必要がある。
3. 日本人の働きすぎには，継続的な組織コミットメントの高さと組織メンバー間の相互監視と相互規制が関わっている。

## さらに学ぶために

1. あなたは会社やアルバイト先でサービス残業した経験があるか。あるとすれば，その心理を組織コミットメント概念によって説明してみよう。
2. サークルや部活へのコミットメントにはどのような特徴があるか。組織コミットメントの三つの次元で考えてみよう。
3. 集団への一体感が低いのに表面的には集団に同調する，という態度と行動の矛盾の例をあげ，なぜ矛盾が生じるか説明してみよう。

## 参考図書

労働政策研究・研修機構（2018）「データブック国際労働比較2018」（http://www.jil.go.jp/kokunai/statistics/databook/index.html）

田尾雅夫 編著（1997）『「会社人間」の研究：組織コミットメントの理論と実際』京都大学学術出版会。

山岸俊男（2002）『心でっかちな日本人』日本経済新聞社。

渡辺深（1999）『「転職」のすすめ』講談社。

# 第11章
# 働きすぎをもたらす会社の仕組みとは

## 日本型 HRM と労働者の心理・行動

### 1. 日本型人的資源管理とは

　前章では，日本の労働者の働きすぎの問題を組織コミットメントの視点から検討した。その結果，継続的コミットメントの高さとメンバー間の相互監視と相互規制が集団主義的な行動としての働きすぎをもたらすことがわかった。しかし，日本の労働者はもともと（いわば国民性として）組織への継続的コミットメントや集団主義的な傾向が強いのだろうか。それとも，日本の組織の特徴がそのような行動傾向をもたらすのだろうか。はたまた，日本の組織と労働者が相互に適応した結果だろうか。本章では，日本の組織，特に日本企業の人的資源管理に焦点をあて，その特徴と組織コミットメントや働きすぎとの関係を検討してみよう。

　組織におけるヒトの管理は人事管理（Personnel Management）と呼ばれてきたが，最近は人的資源管理（Human Resources Management：以下 HRM）という表現が一般的になった。前者がヒトを「コスト」（やむを得ない出費）とみなすのに対し，後者はヒトを「資源」（価値を生むもの）として位置づける。

　HRM の内容については様々な見方があるが，ハーバードビジネススクールの研究者達（ハーバード学派）の提案するモデル（Beer, et al., 1984）が代表的である。それによれば，HRM は「職務」・「人的資源の流れ」・「報酬」・「従業員からの影響」という四つの下位領域に分けられる（図11-1）。「職務」は組織内の分業，つまり仕事の分け方とヒトへの割り振り方の管理（例えば，4

図11-1　HRM システムの下位領域

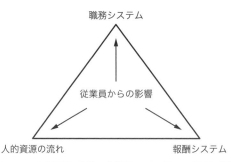

職務システム

従業員からの影響

人的資源の流れ　　　　　　　　　　　報酬システム

出所：Beer, et al. (1984), 梅津・水谷訳, p.21 図1-1 を元に著者作成。

章で紹介した「フォーディズム」),「人的資源の流れ」は組織内のヒトの動き，つまり採用から退職までのキャリアの管理（例えば，7章で紹介した「トーナメント型昇進選抜」システム),「報酬」は現金（給料，賃金など)・給付（健康保険，有給休暇など)・非金銭的報酬（上司からの賞賛，快適な仕事環境など）を含む報酬の管理を意味する。

　そして，ハーバード学派のモデルの特徴が，四つ目の下位領域「従業員からの影響」である。これは，従業員に権限や責任を委譲する程度・方法についての管理，言い換えれば従業員の経営参加の管理を意味する。この領域は，当然ながら上記3領域すべてに関係する。

　このモデルのもう一つの特徴は，これら4領域が相互に補い合うように統合されたときに有効性を発揮するというシステム論的な考え方にある。それによれば，統合されたHRMシステムには3つのタイプがある（表11-1)。これら3タイプは，組織のメンバーを一定の目標にむけてコントロールする方法（従業員の経営参加の仕方）に大きな違いがある。つまり，官僚主義的コントロール（部下として参加）は上の階層からの指示を正当なものとして受け入れさせ，市場コントロール（契約者として参加）はメンバーの貢献の正確な測定に基づいて報酬を支払い，協調的コントロール（組織メンバーとして参加）は組織の目標と個人の目標を一致させるようにメンバーを選び社会化する。そして，どのタイプが優れているかは組織の戦略や置かれた環境条件によって異なるとされている。このように，HRMの制度領域の間の適合（水平的適合）と戦略と

### 表 11-1　HRM システムのタイプ

| HRM 制度の領域 | 従業員の参加の形態 | | |
| --- | --- | --- | --- |
| | 官僚主義的<br>（従業員は部下として参<br>加する） | 市場的<br>（従業員は契約者として<br>参加する） | 協調的<br>（従業員は組織メンバー<br>として参加する） |
| 従業員からの影響 | 命令系統に沿って上方に<br>上がっていく | 契約に関して交渉を行う | 相談の上で合意を求める<br>（例：QC 活動） |
| フロー | 組織の下部にはいり，そ<br>の企業内で自己の能力レ<br>ベルまで昇進していく | イン・アウトの雇用関係<br>（例：社内公募制） | 横断的異動や上方への昇<br>進を活用する長期安定雇<br>用 |
| 報酬 | 職務評価に基づく給与シ<br>ステム | 業績に基づく給与システ<br>ム（例：出来高払い，重<br>役のボーナス制度） | 年功と技能に基づく給<br>与，組織全体の業績・利<br>益に応じた報酬 |
| 職務システム | 命令系統によってしっか<br>り規定された細かい分業<br>体制 | グループまたは個人によ<br>る契約システム | すべての職務が内部的に<br>関連づけられており，仲<br>間との協力がモティベー<br>ションとして働く |

出所：Beer et al. (1984), 梅津・水谷訳, p.308 図 7-1 を元に著者作成。

の適合（垂直的適合）を重視する考え方は，戦略的人的資源管理論（SHRM：Strategic Human Resources Management）に発展している（小林, 2019）。

　それでは，日本企業の HRM の特徴は何だろうか。これは，第二次世界大戦後の日本の急激な経済成長の秘密を探ろうした欧米の研究者や調査団の問いだった。そして，調査・研究の結果見出されたのが，終身雇用，年功賃金，企業別組合という「三種の神器」（神様から賜った宝物）を大切にする日本的経営だった（Abegglen, 1958; OECD, 1972）。終身雇用は新規学卒者を採用し定年まで雇用保障する制度，年功賃金は勤続の長さに従って賃金が急勾配に増す賃金制度，そして，企業別組合は企業別に組織された労働組合である。労働組合は，労働者が労働条件の維持・改善を図るために組織する団体で，欧米では職業別や産業別に組織されることが多いのに対し，日本では企業別組合が多い。

　半世紀も前に「発見」された日本的経営は，現在どうなっているだろうか。まず，終身雇用についてみると，定年までの雇用保障は，もともと大企業・男子・正規社員に限定され，中小企業・女性・非正規社員は対象外だった（野

村, 1994)。また，大企業でも採用者のうち新規学卒者の割合は半分程度で，それ以外は中途採用（転職者）だった。つまり，終身雇用は，あるべき姿としての「規範」や「理念」であり，現実には一部の労働者に適用範囲が限定されていた（野村, 1994）。そして，女性や非正規の労働者の増加（図11-2）により，その適用範囲は相対的に縮小しつつある。

　年功賃金も，その実態は，勤続年数だけでなく，長期的に見ると能力・成果の評価も賃金に影響する，いわば「年功＋〔能力・成果〕」賃金だった（石田, 1985）。そして，1975年頃からの「職能給体系」，1990年頃からの成果主義的制度や「年俸制」の導入などにより，能力・成果の比重が大きくなっている。また，勤続年数を横軸に，賃金の伸びを縦軸にとった図11-3を見ると，男性の場合現在でも勤続年数とともに給与の上昇が見られるが，ここ40年の間に伸びが鈍化し，勤続年数の影響が低下している。女性の場合給与の上昇率が低く，非正規労働者の場合さらに低いので，女性や非正規の労働者の増加によって年功賃金の適用範囲も縮小しつつある。

　企業別組合は，日本の労働組合組織の90％以上を占める（岩出, 1995）が，

図11-2　非正規労働者の数と割合の変化（1984-2017）

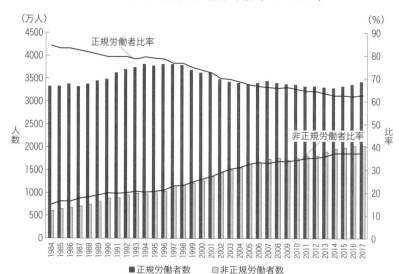

出所：総務省「労働力調査」http://www.stat.go.jp/data/roudou/longtime/03roudou.htm

図 11-3　性別・勤続年数階級による賃金カーブ

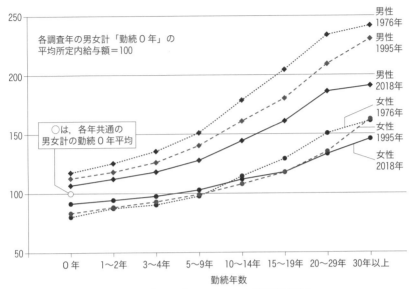

出所：労働政策研究・研修機構「早わかり グラフでみる長期労働統計」
http://www.jil.go.jp/kokunai/statistics/timeseries/index.html

図 11-4　労働組合の組織率の変化（1984-2017）

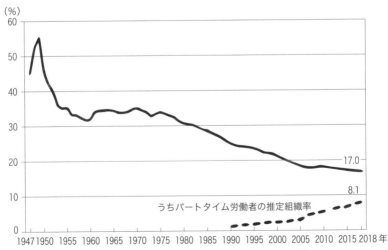

出所：労働政策研究・研修機構「早わかり グラフでみる長期労働統計」
http://www.jil.go.jp/kokunai/statistics/timeseries/index.html

労働組合の組織率（雇用者数に占める労働組合員数の割合）自体が低下しているので（図11-4），企業別組合の比重や適用対象が狭まっていると言えるであろう。そして，組織率の低い非正規の労働者の増加は労働組合全体の組織率の低下に影響している（労働政策研究・研修機構，2016）。

　以上まとめると，現在日本的経営は一部の企業に残存しているが，非正規労働者の増加によりその適用範囲が限定されつつあると言えるであろう。ただし，適用範囲となる労働者の絶対数が減少しているのではなく，非正規労働者に比べて日本的経営の対象となる労働者が伸びなかった（図11-2参照）という労働市場データの分析（神林，2016）からすると，適用範囲の縮小は相対的なものと考えられる。また，企業組織内の中核的な従業員の雇用を保障するクッションとして周辺的なパートタイム労働力が使われるという雇用の二重構造が日本的経営の一部として当初から組み込まれていた（Jacoby, 1997）とすると，日本的経営の適用範囲の縮小は，雇用の二重構造自体の変化ではなく，クッションとなる労働者の一時的増大と見ることもできる。

## 2. 日本型 HRM の理論

　日本的経営は変化しつつあるとはいえ，半世紀以上にわたって日本企業に存在し続けたのはなぜだろうか。それを理論的に説明するいくつかの考え方を見てみよう。それが説明できれば，変化しつつある理由や今後の方向も予想できるだろう。

　まず，日本的経営は日本文化や日本社会に特有のものという日本的特殊性論の考え方がある。日本的経営も日本の文化・社会の一部でその伝統を引き継いでいる，と言われると何となく説明されたような気になるが，この考え方には多くの批判がある。例えば，前述のように，日本的経営は第二次大戦後に発展し，かつ大企業・官公庁などに限定されているので，日本の文化・社会一般の伝統とは言えない。また，アメリカでも労働組合のない大企業に類似の経営が見られるから，日本企業独自の経営とも言い切れない。それらの点を考えると，日本的経営の存在や有効性に対して，より一般的・普遍的な説明が必要である。

　二つ目は，社会学的な視点に立って，日本的経営の企業をクラン型組織として位置づける考え方である。クラン（氏族）は共通の祖先を持つ人々の集団で，古くから存在するが，クランのように経済的目的だけでなく多様な目的・人間関係でメンバーが結びつく組織が現代の企業においても存在する（Ouchi, 1981）。クラン型組織においては，前述のように組織の目標と個人の目標を一致させるようにメンバーを選び社会化する協調的コントロール（表11-1）が用いられる。日本企業の多くで協調的コントロールが採用されたのは，日本の文化・社会に適合していたからかもしれない。しかし，日本的経営には協調的コントロールだけではなく官僚主義的コントロールの要素も含まれているという批判があり，二種のコントロールのハイブリッド（混合）として日本的経営を位置づけるコーポラティストモデル（Lincoln & Kalleberg, 1990）も提案されている。

　三つ目は，労働経済学的な視点に立って，日本的経営を労働市場の内部化で説明しようとする考え方である。労働市場は労働力の取引が行われる場なので，通常企業の外にあると考えられがちであるが，企業内でも労働力の取引（評価と配分）が行われている。それが内部労働市場である。日本ではこのような市場が発達し，労働市場の内部化が進んだと考えられる。内部労働市場で

## 図11-5　内部市場のモデル

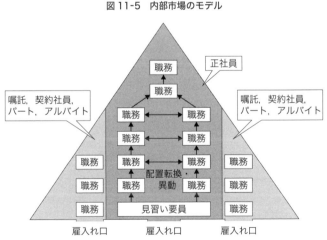

出所：阿部・松繁（編）（2014），p.109 図表6-3 を元に著者作成。

は，メンバーが最も低い地位の職位から入り，組織内を移動しながら技能を身につける（図11-5）。企業がその独自の技術・技能によって競争で優位に立とうとする場合，内部労働市場は経済的に効率的である。企業特殊な技能は外部では身につけられないので，内部で教育訓練する必要があり，またその技能を身につけた労働者を内部で保持しておく方が都合がよいからである。

　内部労働市場論に立脚すると，日本型HRMの特徴とされる様々な制度・慣行は，「労働市場の内部化」戦略によって統合されたものと考えられる（石田，1985，図11-6）。そこでは，人的資源の重視，共同体志向（職場を多様な欲求を満たす場としてとらえる），集団主義（従業員は自分の利害よりも企業の利害を優先する），平等主義（従業員の出身階級・地位や業績・能力による処遇差をつけない）といった理念のもとで，労働市場の内部化戦略が採られ，日本的経営の「三種の神器」以外に，継続的な職場内教育訓練（OJT：On the Job Training），幅広い内部異動，年功的な内部昇進，全人格的な評価，企業内福利，情報共有，経営参加など様々な制度が設けられ，その結果，労働意欲，技能向上，チームワーク，組織への一体感，弾力的な職務行動，定着性，規律・勤怠，協調的労使関係が得られ，最終的に労働生産性が高まると考えられる。

　以上，日本的経営に関する三つの代表的な考え方を紹介したが，クランモデルや内部労働市場モデルは日本的経営が一定の歴史的・文化的環境で有効であったことを説明するとともに，条件さえ整えば日本以外でも類似の経営が成

**図11-6　「労働市場の内部化」戦略で統合された HRM モデル**

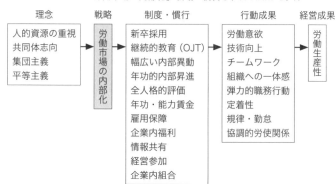

出所：石田（1985），p.4 図1-1を元に著者作成。

り立つ可能性を示唆している。特に，内部労働市場モデルは，競争戦略と外部労働市場という適合条件を明示している点で説得力がある。このモデルによれば，外部労働市場がひっ迫する（人手不足になる）と内部労働市場型の雇用関係に引き戻される（Cappelli, 1999）ので，労働力人口の減少が予測される日本において，今後も日本型 HRM が生き延びる可能性も考えられる。

## 3. 日本型 HRM と組織コミットメント・集団主義的行動

　日本型 HRM を内部化された労働市場と考えた場合，日本の労働者の組織コミットメント特に継続的コミットメントの高さはどのように説明できるだろうか。前章で述べたように，組織からの離脱に伴うコストを知覚した時に生じるのが，継続的コミットメントである。どのような「コスト」を想定するかによって継続的コミットメントの形成について二つの異なる見方がある。

　まず，サイドベット理論（Becker, 1960）によれば，組織への参加をやめるとサイドベット（特典）が失われるので，それが「コスト」と知覚されてコミットメントが高まるという。その理論によれば，内部労働市場は，その組織で働くメンバーにとって給与以外に多くの特典をもたらすので，継続的コミットメントが高まると考えられる。内部労働市場の持つ特典としては，そこでしか身につけられない技能（企業特殊技能），内部異動による様々な仕事の経験，年功による昇進，前章でも指摘した人間関係資本などが挙げられる。

　他方，サンクコストの理論によれば，組織への参加を継続するために過去に払った，取り戻せないコストが組織への拘束をもたらすと考えられる。内部労働市場では企業特殊技能や人間関係資本の獲得に多くの努力と時間が必要なので，それがサンクコストをもたらす。

　以上二つの見方をまとめると，労働市場の内部化は，特典とサンクコストの蓄積を通じて，組織への「残留」的または継続的コミットメントを生じさせ，組織からの離脱を困難にすると考えられる。

　メンバーの継続的コミットメントの高い組織では，フリーライダーをお互いに監視し規制しようとするため，集団主義的な行動としての働きすぎが起こりやすいと前章で述べたが，日本型 HRM はフリーライダーを発生させやすい条

件を備えている。一つは評価や報酬における平等主義的な傾向である。日本型HRM のモデル（石田, 1985）では，業績・能力による処遇差をつけないという理念や年功的内部昇進，年功賃金などの制度にそのような傾向が表れている。努力しなくても同じ報酬がもらえるなら手を抜こうとするのは自然な心理である。もう一つは，一人一人の仕事の範囲が不明確なことである。そのためお互いに協力しあって柔軟に仕事をするという弾力的職務行動が可能となり，また必要になるのであるが，一人一人の努力や成果がはっきりわからないので，手抜きがさらに起きやすくなるのである。

　最後に，日本人がもともと集団主義的態度を持っているわけではなく，フリーライダー抑制のための相互監視・相互規制に従って表面上集団主義的行動をとっているだけであることを示す実験（山岸, 2002）を紹介しよう。実験では，4人の学生が互いに実験中も実験前後も顔を合わせないように個室に入れられ，100 円ずつ渡される。その 100 円からいくらでもいいから他の 3 人に寄付してほしいと実験者に頼まれたときどれくらい寄付したかが集団主義的行動の指標として測定された。寄付した額は 2 倍に増額され，他の 3 人に平等に分配されると説明されるので，全員が 100 円寄付すれば全員 200 円獲得できるが，寄付せず受け取るだけというフリーライダーが発生する可能性も生まれる。自分の利益だけ考えると寄付しない方が得だが，誰も寄付しないと利益が増えないというこの状況は，社会的ジレンマ状況と呼ばれる。「寄付→分配」という手続きを 12 回繰り返した結果，寄付額の平均はどのくらいになっただろうか。この実験は，ほぼ同じ条件で日本とアメリカで行われたので，もし日本人がもともと集団主義的態度を持っているなら，日本人の方がたくさん寄付するはずである。

　しかし，実際は，100 円（アメリカでは 50 セント）のうち寄付した金額の割合（寄付率）は日本人の方が低かった（図 11-7：「罰金なし」条件）。そこで，非協力的な（寄付額の少ない）参加者を制裁する「基金」への寄付を可能にし，最も非協力的な参加者には「基金」への寄付金合計の 3 倍の罰金を科すという条件を追加して実験を行ったところ，日本人はアメリカ人とほぼ同じくらいの寄付をしたのである（図 11-7：「罰金あり」条件）。つまり，日本人はもともと集団主義的態度を持っているわけではなく，相互の監視・規制がある

図 11-7　社会的ジレンマ実験の結果

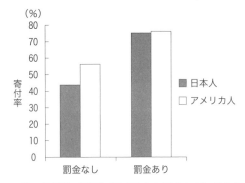

注：寄付率：100円（アメリカ人50セント）のうち
　　寄付した金額の割合。
出所：山岸（2002），p.39を元に著者作成。

図 11-8　日本型 HRM と働きすぎの関係

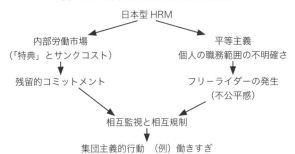

出所：著者作成。

から集団主義的行動を取っているのである。

　そのような日本人が日本型 HRM のもとで集団主義的行動としての働きすぎ
に陥るプロセスは，図 11-8 のようにまとめることができる。ただし，図中の
矢印の方向を見て日本型 HRM が原因で働きすぎが生じていると考えるのは早
合点である。正確には，日本型 HRM という環境条件に置かれた労働者が各自
の利益を守るためにとった「合理的な」行動が，お互いの首を絞め合うような
働きすぎという結果をもたらしているといえよう。

**OJT** • • • • • • • • • • • • • • • • • • • • • • • • • • • • • • • • • • • • • •

　会社で仕事をする上で必要な知識や技能はどのようにして身に着けたらよいだろうか。一つは，自分で本を買って読んだり，学校に通ったりする方法である。このように時間も費用も自分で工面するのが自己啓発である。

　これに対して，会社がコストを負担して行う教育訓練もある。研修，講義，見学などである。これらは，普段の仕事から一旦離れて行われるので，Off-JT（off-the-job training）または職場外訓練と呼ばれる。教室や会場に集めて行うことが多いので集合教育ともいわれる。多くの人に一度に教えるわけだから，一般的な技能や体系的な知識の教育訓練に適している。

　もう一つ，会社負担で行われる教育訓練が，OJT（on-the-job training）または職場内教育訓練と呼ばれるものである。普段の仕事のなかで，上司や先輩から部下もしくは後輩に対して1対1で行われる。教材やマニュアルの形に一般化・体系化できない企業特殊な技術・技能を教育訓練するのに適している。OJTの技法には，コーチング，インターン制度，ジョブ・ローテーションなどがあるが，特にジョブ・ローテーションは日本企業の特徴であると言われている。

　日本企業が企業特殊な技術や技能によって他社との競争で優位に立とうとする場合，教育訓練の方法としてOJTが重要な役割を果たす。日本型HRMが労働市場の内部化という戦略のもとに様々な制度が統合されているとすれば，長期的なOJTもその一つであると言える。

• • • • • • • • • • • • • • • • • • • • • • • • • • • • • • • • • • • • • • • • • • • • • • • • • • • • •

## まとめ

1．終身雇用・年功賃金・企業別組合などの特徴を持つ日本的経営は，適用対象となる労働者の範囲が限定されており，その範囲は相対的に縮小しつつある。

2．日本型HRMの特徴は，労働市場の内部化であり，それが労働者に多くの「特典」とサンクコストをもたらし，継続的コミットメントを高める。

3．日本型HRMの特徴である平等主義と職務範囲の不明確さはフリーライダーを発生させやすいので，継続的組織コミットメントの高い労働者の相互の監視と規制が行われ，結果として集団主義的行動としての働きすぎが生じる。

## さらに学ぶために

1. 日本型 HRM は，今後どのように変化するか，それに替わるものは何か，各種の文献・資料で調べてみよう。
2. 働く側にとって日本型 HRM はどのようなメリットとデメリットがあるか，具体的な例をあげてみよう。
3. 日本企業の HRM の変化によって，今後労働者の組織コミットメントはどのように変化するか考えてみよう。

## 参考図書

アベグレン，J. (1958)『日本の経営』ダイヤモンド社。

阿部正浩・松繁寿和 編著（2014）『キャリアのみかた 改訂版』有斐閣。

ビーア，M.他（1990）『ハーバードで教える人材戦略』日本生産性本部。

キャペリ，P. (2001)『雇用の未来』日本経済新聞社。

石田英夫（1985）『日本企業の国際人事管理』日本労働協会。

今野晴貴（2012）『ブラック企業』文藝春秋。

オオウチ，W. G. (1981)『セオリー Z：日本に学び，日本を超える』CBS ソニー出版。

山岸俊男（2002）『心でっかちな日本人』日本経済新聞社。

# 第12章
# どんな時仕事がしんどいと感じるか

## 組織ストレス

## 1. ストレスについての様々な見方

　前の章でも紹介したように，欧米で日本人の働き方の象徴として過労死が注目されている。なぜ日本企業で欧米の人たちから奇異とみられるようなことが起こるのであろうか。働きすぎがその背景にあるのは理解できるが，それがなぜ過労死にまで至るのであろうか。ここでは，組織ストレスの視点からこの問題を考えてみよう。

　組織ストレスは，ストレスの一種であるが，そもそもストレスとは何だろうか。この言葉は一般によく知られているので，説明が不要と考えられるかもしれない。しかし，一般によく使われている言葉ほど，様々な意味で理解され，学問的な意味からずれていることも多い。例えば，ストレスは人間だけにあるものだろうか？　ストレスは環境の側にある刺激だろうか，それとも人間の側の反応だろうか？　ストレスは全くない方がよいのだろうか？

　まず，最初の問いの答えはノーである。ストレスはもともとモノについて使われていた。物理学では，「ある物体に力（負荷）が加えられた時物体内に生じる反作用力（応力）」と定義されている（図12-1）。このようなモノについてのストレスを生命体に適用したのが，セリエ（Selye, 1976a）である。そして，ストレスはさらに心理学にも広がり，今や心理的な意味でのストレスが一般に使われるようになったのである。

　次に，二つ目の問い，ストレスは環境の側の刺激か人間の側の反応か，に対する答えは難しい。学問的にも様々な立場がある。物理学の場合応力はモノの

図12-1　モノにおけるストレス

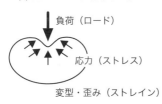

出所：著者作成。

図12-2　「刺激－反応」としてのストレス

出所：著者作成。

内側から働くものと考えられる。また，生物学におけるストレスも「あらゆる要求に対する身体の非特異的反応」という定義（Selye, 1976a）からすると，生命体の側で生じた反応と考えられる。セリエのこの定義の「身体の非特異的反応」とは，具体的には，副腎皮質の肥大，胸腺などのリンパ組織の委縮，胃腸の潰瘍などの症状がすべて組み合わされた反応パターンを指す。これらの症状は，生命体の全身に関わり，かつ生命体が環境の変化から身を守り内部を正常に保つために生じるので，汎適応症候群と呼ばれる。特殊な原因で起こるのではなく，寒冷，暑熱，X線，外傷，出血，心身の苦痛，筋肉過労，などあらゆる原因で起こるという意味で「非特異的」反応とされる。以上のようにセリエはストレスを生命体の側で起こる適応的な反応と位置づけているので，それを引き起こす刺激をストレッサー（ストレス刺激）と呼び，ストレッサーと対応させた場合の反応をストレイン（ストレス反応）と呼んでいる（図12-2）。

　これに対して，心理学におけるストレスは，一般的に環境（内部環境を含む）からの刺激として，つまり人間を侵害する事象として位置づけられてきた（Lazarus & Forkman, 1984）。例えば，社会的再適応評定尺度（Holmes & Rahe, 1967）は，人間を侵害するような出来事（離婚，退職など）を1年間にどの程度経験したかでストレスを測定している（表12-1）。しかし，ある出来事がどの程度ストレスフルかは個人によって異なるし，日常的な出来事の場合ストレスフルかどうかは個人の反応で判断するしかない。そうなると，刺激だけでストレスを定義するのが難しくなる。刺激としてのストレス（ストレッサー）は反応としてのストレス（ストレイン）を生じさせるもの，反応としてのストレス（ストレイン）は刺激としてのストレス（ストレッサー）によって生じるもの，という循環的な説明になってしまう。そこに，「刺激－反応」と

表12-1　社会的再適応評価尺度

| 順位 | 出来事 | 生活変化単位値 |
|---|---|---|
| 1 | 配偶者の死 | 100 |
| 2 | 離婚 | 73 |
| 3 | 夫婦別居生活 | 65 |
| 4 | 拘置，拘留，または刑務所入り | 63 |
| 5 | 肉親の死 | 63 |
| 6 | けがや病気 | 53 |
| 7 | 結婚 | 50 |
| 8 | 解雇 | 47 |
| 9 | 夫婦の和解調停 | 45 |
| 10 | 退職 | 45 |
| 11 | 家族の病気 | 44 |
| 12 | 妊娠 | 40 |
| 13 | 性的障害 | 39 |
| 14 | 新たな家族構成員の増加 | 39 |
| 15 | 職業上の再適応 | 39 |

出所：Holmes & Rahe（1967），p.216 Table.3 を元に著者作成。

してストレスを定義する限界がある。

　そこで，環境からの刺激によって生じた人間の反応（図12-2）ではなく，人間と環境の間の関係としてストレスを捉える立場が主張されている（Lazarus & Forkman, 1984）。それによれば，心理的ストレスとは，「人的資源に負担をかけたり，資源を超えたり，幸福を脅かしたりするものとして，個人が評価する人間と環境との間の特定の関係」を言う。この定義は，ストレスを人間と環境の間の客観的な関係ではなく，それに対する個人の評価，つまり認知として捉える点にも特徴がある（図12-3）。

　最後に三つ目の問い，つまりストレスは全くない方がよいか？　への答えはノーである。セリエ（Selye, 1976b）は，生体が受け入れられる健康的なストレス＝ユーストレスと，受け入れ不可能な病的なストレス＝ディストレスを区別し，刺激の強さと人間の受容性によってどちらになるかが異なると述べている。ユーストレスの場合，与えられた要求が人的資源に負担をかけていると評価されても，それに対処するために自分の能力を使う機会があれば，要求の充足・達成が見込めるので，肉体的・精神的能力が成長する。他方，ディストレ

図 12-3　関係としてのストレス

出所：Lazarus & Forkman（1984）を元に著者作成。

表 12-2　職務ストレスチェックリスト

| 順位 | 出来事 | ストレス負荷 | ユーストレス |
|---|---|---|---|
| 1 | 退職の勧告 | 82 | |
| 2 | 単身赴任 | 72 | |
| 3 | 希望に反した新しい役割や仕事につくこと | 71 | |
| 4 | 勤務地の変更 | 71 | ○ |
| 5 | 出向 | 71 | |
| 6 | 地位が下がること | 69 | |
| 7 | 仕事の上での上司からの厳しい忠告や訓戒 | 66 | |
| 8 | 新しく大勢の部下を持つようになること | 64 | ○ |
| 9 | 大きな説明会や公式の場での発表 | 64 | |
| 10 | 重要でない仕事への配置がえ | 63 | |
| 11 | 仕事の活動やペースの著しい増加 | 63 | |
| 12 | 海外出張 | 63 | |
| 13 | 新しい仕事への配置転換 | 62 | ○ |
| 14 | 職場の環境（音，光，温度など）の悪化 | 62 | |
| 15 | 仕事の方針ややり方の大きな変更 | 61 | |

注：○：過去1年間の出来事の有無と現在のストレス反応の相関がマイナス。
出所：渡辺（1986），p.51　表2を元に著者作成。

スの場合，能力使用の機会がないため，要求の充足・達成の見込みもなく，能力も減退することになる（Kahn & Byosiere, 1992）。例えば，渡辺（1986）は，日本のホワイトカラー労働者を対象に，組織での生活で起こる出来事28項目について過去1年間の経験と現在のストレス反応（心身症傾向，うつ傾向，不安傾向）との関係を調べたところ，いくつかの出来事はマイナスの相関（その経験をするとストレス反応が低くなる）を示した（表12-2）。例えば，勤務地の変更，新しく大勢の部下を持つようになること，新しい仕事への配置転換などは，負担にはなるが精神的健康度を高める点でユーストレスと考えられる。

## 2. 組織ストレスとは

　上述のようにストレスには様々な見方があるが，本章では，「個人が評価する人間と環境との間の特定の関係」として心理的ストレスを定義し，そこには健康的なストレスと病的なストレスが含まれる，という立場をとる。それに従うと，環境のなかで組織の部分に焦点をあてたストレス，つまり，「人的資源に負担をかけたり，資源を超えたり，幸福を脅かしたりするものとして，個人が評価する人間と組織環境との間の特定の関係」が組織ストレス（organizational stress）ということになる。類似の用語として，職務（job）ストレス，職業的（occupational）ストレスなどがあるが，ここではそれらを代表する言葉として組織ストレスを用いることにする。

　組織ストレスの研究で扱う課題は様々であるが，それらを整理すると図12-4のようになる。組織において何がストレスの背景にあるか，何がストレッサーになるか，ストレッサーがどのように認知・評価されるか，どのような反応が生じるか，長期的に見てどのような結果が個人と組織に生じるか，ストレッサーとストレス反応の関係を媒介・調整する個人的・状況的要因は何か，などである。

　このうち，何がストレッサーになるかという問題は，組織ストレス研究の中心的テーマの一つであるとともに，社会的にも興味関心が持たれている。例えば，厚生労働省の「労働安全衛生調査」（2017）は，仕事や職業生活で「強い不安，悩み，ストレスを感じる事項がある」と回答した労働者（58.3%）に，「ストレスの内容」を尋ねている。その結果，多かった回答が，仕事の質・量（62.6%），仕事の失敗，責任発生等（34.8%），対人関係（30.6%），役割・地位の変化等（23.1%）であった（図12-5）。本章では，これらを組織における代表的ストレッサーとして捉え，組織ストレスの理論に基づいてストレスを引き起こすメカニズムを検討してみよう。

図12-4　組織ストレス研究の理論的枠組み

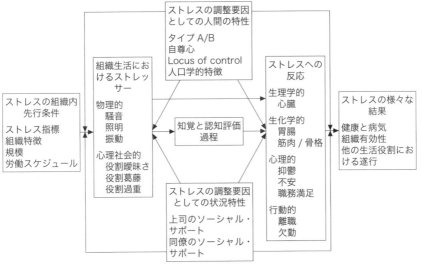

出所：Kahn & Byosiere（1992），p.592 Figure.9 を元に著者作成。

図12-5　仕事・職業でのストレスの内容

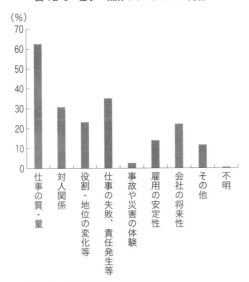

出所：「労働安全衛生調査」（2017）。

# 3．組織ストレスの理論

## 1）役割理論

　日本人の組織ストレスの内容で2番目に多い「仕事の失敗，責任発生等」がストレスをもたらすことは理解しやすい。それでは，3位「対人関係」と4位「役割・地位の変化等」は，なぜストレスになるのだろうか。例えば，「嫌な上司」や「困った同僚」は悩みのタネだが，そのような上司・同僚の「性格」が問題なのだろうか。その上司や同僚は家に帰れば，また友達といっしょのときは，良い夫（妻）・父（母）親・友達ということはないだろうか。つまり，個人の性格ではなく，組織のなかでの「上司」・「同僚」という役割が「嫌な」「困った」人を作り出しているのかもしれない。

　このように，組織のなかでの役割という視点から人間関係の問題を整理し，組織ストレスの要因（ストレッサー）を理論的に説明したのが，役割理論（Kahn, et al., 1964）である。役割理論によれば，役割葛藤と役割の曖昧さが組織ストレスをもたらす。

　まず，役割葛藤とは，二つ以上の圧力が同時にかかって，一つの圧力に同調すると他の圧力への同調が困難になることを言う。そして，役割葛藤は，送り手内，送り手間，役割間，個人－役割，役割過重の5種類に分けられる。送り手内葛藤は，同一の送り手からの圧力が両立しない場合で，例えば上司から売り上げアップとコスト削減を同時に指示される状況である。送り手間葛藤は，複数の送り手の圧力が対立することで，例えば上司からは部下の管理を厳しくしろと指示され，部下からは優しく扱ってほしいと言われるいわゆる中間管理職の板バサミ状態が代表的である。役割間葛藤は，複数の組織（集団）からの圧力が対立する場合で，例えば，子供の誕生祝いのために早く帰るよう家族に言われたのに，会社で残業を命じられて，どちらにすべきか悩む父親の状況である。「個人－役割」葛藤は，個人の価値観・欲求と組織内の役割の対立で，例えば，違法な談合であると知りつつ，立場上それに加わらねばならない重役の倫理的葛藤である。役割過重は上記4種の葛藤から生じる複雑な葛藤で，その葛藤がその人の能力で対処できる範囲を超える場合を言う。

図 12-6　役割葛藤とストレス反応の関係

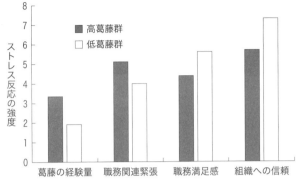

出所：Kahn et al. (1964), p.66 Table.4.2 を元に著者作成。

表 12-3　役割の曖昧さとストレスの関係

| 緊張 | 職務満足感 | 徒労感 | 自信 |
|---|---|---|---|
| .51** | −.32* | .41** | −.27* |

注：数字は相関係数。*p<.05　**p<.01
出所：Kahn et al. (1964), p.85 Table.5.1 を元に著者作成。

　そして，組織ストレスのもう一種類の要因である役割の曖昧さは，組織内で一定の立場（地位や役割）に置かれた人にとって必要な情報が与えられていないことを意味する。自分の役割は何か，役割を果たすのに何が必要か，などの情報が明確に伝えられないことがストレッサーになる，ということである。

　カーンら（1964）は，いくつかの企業で従業員の調査を行い，客観的な葛藤量（圧力の送り手の側で測定された葛藤の強さ）の高い群の方が低い群よりも主観的な葛藤量（圧力の受け手が感じる葛藤の強さ）やストレス反応（仕事での緊張の強さ，職務満足感や組織への信頼感の低さ）が強いことを明らかにした（図 12-6）。また，役割の曖昧さの経験量が大きいほどストレス反応（緊張や徒労感の強さ，職務満足感や自信の低さ）が強いことも示されている（表12-3）。

## 2)「職務要求―コントロール」モデル

　前述の「労働安全衛生調査」（厚生労働省，2017）の結果「ストレスの内容」

で最も多かったのが，仕事の質と量であった。ここで，仕事の質とは具体的に何を意味するのだろうか。また，単純に仕事の量が多いほどストレス反応は高まるであろうか。ストレスへの影響において仕事の量だけでなく質も同時に考慮する必要があると主張するのが，「職務要求―コントロール」モデル（Karasek, 1979）である。

　このモデルは，仕事上の要求度（仕事の量的負荷，予期しない仕事，対人葛藤）の高低とコントロール（職務裁量の範囲）の高低で仕事を4種類に分類すると，仕事上の要求度が高くコントロールが低い時（high strain job）は心理的ストレインが高い（ストレイン仮説）が，仕事上の要求度が高くてもコントロールが高ければ（active job），むしろモティベーションや学習を促進する（学習仮説）と主張する（図12-7：Karasek, 1979）。ここで，職務裁量とは「従業員が労働時間内における自分の仕事や行為に対して行使することのできるコントロール」，つまり仕事で使う技能の幅の広さや，仕事のやり方を自分で決められる程度を意味する。

　スウェーデンでの全国調査では，抑うつ傾向の割合がhigh strain jobで最も多く，同じように職務要求が大きくてもactive jobではさほど多くないというモデルどおりの結果が得られている（図12-8：Karasek, 1979）。カラセックらは，ストレス反応に影響する第3の要因としてソーシャルサポート（同僚や上司からの支援）の次元を加えた新しいモデルを提示し，ソーシャルサポー

図 12-7　4種類の職務

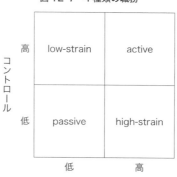

出所：Karasek（1979），p.288 Figure.1 を元に著者作成。

図 12-8　職務要求―コントロールとストレイン

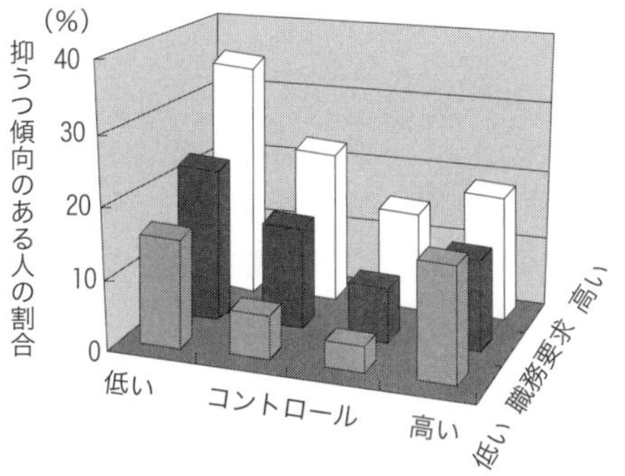

注：スウェーデンの被雇用者の成人男性のサンプル
　　1,896 人の調査。
出所：Karasek（1979），p.294 Table.2 を元に著者作成。

トが高いほどストレス反応が抑制されることを確認している（Karasek &
Thörell, 1990）。

## マインドフルネス

　アメリカ心理学会では，ストレスを緩和するための五つのヒントを紹介している
（https://www.apa.org/helpcenter/manage-stress）。ストレスの原因となるもの
を避ける，笑う，運動する，サポートを受ける，そしてマインドフルネスである。
　このなかで，最近注目を浴びているのがマインドフルネスである。マインドフル
ネスは，一瞬一瞬の経験を判断せずにあるがままに意識している心理的状態で，そ
のような状態を作り出すことによって様々な効果が得られるとされている。例えば，
マインドフルネスはワーキングメモリ（作動記憶）を広げるので，複数の視点への
注意力や状況の変化に対する感受性を高める。また，マインドフルネスは不安や抑
うつなどのネガティブな感情のコントロールを可能にする。さらに，人間関係にお
いて自分の感情を相手に伝える能力を高め，人間関係上の葛藤からの影響を抑え，
満足感を高める。
　このような効果を持つマインドフルネスは，禅・ヨガ・マインドフルネス瞑想な
ど特別な訓練によって自ら作り出すことができるが，普段の生活のなかで自然にそ
のような状態になっていることもある。例えば，趣味のガーデニングや場合によっ
ては草むしりが時を忘れさせ，無心な状態をもたらしているかもしれない。自分が

本当に楽しめる・没頭できる時間，居場所，趣味を持つことが大切なようである。

・・・・・・・・・・・・・・・・・・・・・・・・・・・・・・・・・・・・・・・・・・・・・・・・・・・・・・・・・・・・・・・・

## まとめ

1. ストレス概念は，日常生活でも学問の世界でも多様な意味で使われているので，整理した上で使う必要がある。
2. 組織ストレスとは，「人的資源に負担を与えるものとして個人が評価する人間と組織環境の特定の関係」である。
3. 役割理論によれば，役割葛藤と役割の曖昧さが組織ストレスをもたらす。
4. 「職務要求―コントロール」モデルによれば，職務要求が高く，かつコントロールが低いことが組織ストレスをもたらす。

## さらに学ぶために

1. マスコミやふだんの会話で使われているストレスの意味を整理してみよう。
2. アルバイト先での人間関係のストレスを役割理論の視点から分析するとどうなるか考えてみよう。
3. 職務要求が高くてもコントロールがあればストレス反応が高まらず，むしろ動機づけや学習を促進するという例をあげなさい。また，仕事の場面以外（例えば勉強）でもこの考え方があてはまるか検討してみよう。

## 参考図書

阿部正浩・松繁寿和（2014）『キャリアのみかた 改訂版』有斐閣。

カーン，R. L.他（1973）『組織のストレス』産能短大出版部。

ラザルス，R. S. & フォークマン，S.（1991）『ストレスの心理学』実務教育出版。

セリエ，H.（1974）『現代生活とストレス』法政大学出版局。

# 第**13**章
# 過労死を生み出す会社の仕組みとは

## 日本型 HRM と組織ストレス

## 1. 日本型 HRM と過労死・過労自殺

　前章では組織ストレスの理論を概観したが，本章では過労死という具体例を通して組織ストレスについて考えてみよう。「ナゼ日本人ハ死ヌホド働クノデスカ」（ラミス & 斎藤, 1991）という本のタイトルどおり，日本の組織特有の問題として注目される過労死が，日本型 HRM とどのような関係にあるか，組織ストレスの理論でどのように説明できるかを考えることにしよう。

　そこで，まず過労死，そして近年注目されている過労自殺についてその意味を確認しておこう。過労死は，仕事上の過労やストレスが極度に達して起る死亡を意味する社会的・一般的用語として 1980 年代に定着したが，医学的・法律的用語としては使われて来なかった。しかし，近年社会的関心の高まりによって過労死等防止対策推進法（2014 年）が施行され，過労死が「業務における過重な負荷による脳血管疾患若しくは心臓疾患を原因とする死亡」，過労自殺が「業務における強い心理的負荷による精神障害を原因とする自殺」と定義された。国が過労死・過労自殺の防止に積極的に取り組む姿勢を見せたと考えられる。

　過労死の実態を知る上で最もよく使われるのが，厚生労働省「過労死等の労災補償状況」（2014 年以前は同省「脳・心臓疾患及び精神障害等に係る労災補償状況」）のデータである。労働者災害補償保険法によって，労働者が業務上死亡した場合遺族に補償が行われるので，補償の対象となった過労死・過労自殺（2014 年以前はそれらに相応する死亡・自殺：以下同じ）の件数が国によっ

て公式に確認された数値である。そのデータによると，過労死は2001年に認定基準が緩和された結果大幅に増加したが，それ以降やや減少傾向であるのに対し，過労自殺は認定基準が設定されてから一貫して増加傾向にある（図13-1）。

　どちらも現在年間100人前後であるが，この数字が実態を反映しているかどうかの判断には注意が必要である。まず，この数字は一定の基準で過労死・過労自殺として労災認定された人数なので，基準の設定のし方によって数値も変化する。また，認定されるためには申請が必要なので，申請しないケースや申請しても認められないケースに重大な事案が含まれているかもしれない。例えば，警察庁「平成30年中における自殺の状況」（2018）によれば，自殺者のうち動機・理由が「勤務問題」と分類された人が2,018人いるので，このなかに相当数過労自殺が含まれている可能性がある（図13-2）。

　それでは，過労死の原因は何だろうか。その原因として真っ先に思い浮かぶのが，長時間労働である。実際に，厚生労働省「過労死等防止対策白書」（2018）によると，過労死のほとんどの事例で時間外労働時間（法定労働時間

図13-1　過労死・過労自殺の推移

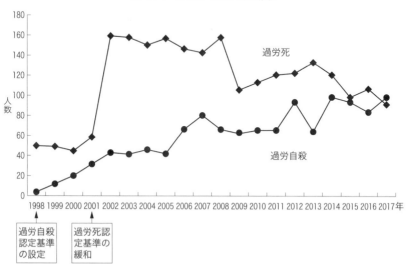

出所：厚生労働省「平成30年版過労死等防止対策白書」
　　　https://www.mhlw.go.jp/wp/hakusyo/karoushi/18/index.html

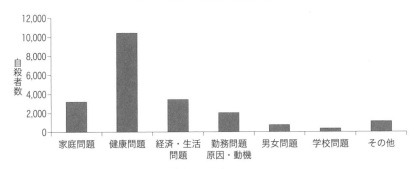

図13-2　原因・動機別自殺者数（2018）

出所：警察庁「平成30年中における自殺の状況」
https://www.npa.go.jp/publications/statistics/safetylife/jisatsu.html

図13-3　時間外労働時間別の過労死・過労自殺認定件数（2017）

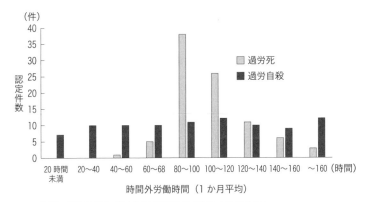

出所：厚生労働省「平成30年版過労死等防止対策白書」
https://www.mhlw.go.jp/wp/hakusyo/karoushi/18/index.html

を超えた労働時間）が月80時間を超えていた（図13-3）。過労死が2001年以降やや減少傾向にある（図13-1）のも，2005年から2015年にかけて長時間労働者の割合が減っている（社会実情データ図録，2018）ことと符合する。

これに対して，過労自殺の場合，時間外労働時間が月80時間未満のケースがかなり含まれているので（図13-3），長時間労働以外の様々な要因が関与していることが考えられる。実際に，過労自殺の出来事別件数を見ると，仕事の量・質が最も多いが，対人関係，仕事の失敗，過重な責任等，特別な出来事，

図13-4 過労による精神障害と自殺の出来事別件数（2017）

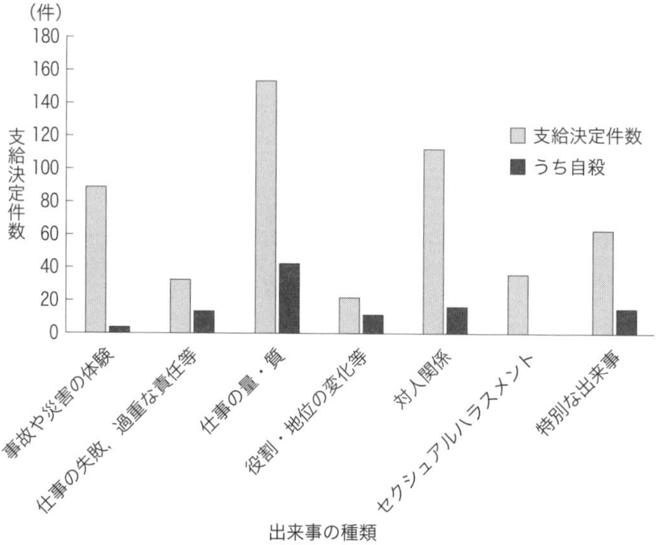

出所：厚生労働省「平成30年版過労死等防止対策白書」
https://www.mhlw.go.jp/wp/hakusyo/karoushi/18/index.html

役割・地位の変化等などもそれぞれ一定の割合を占めている（図13-4）。そして，それらの要因は前章で紹介した日本人の仕事上のストレスの内容と対応している。また，前述のとおり，日本では長時間労働者の割合が減っているが，仕事のストレスは増加している（社会実情データ図録, 2018）。つまり，長時間労働以外の多様な要因が組織ストレスを高め，その結果過労自殺の増加をもたらしている可能性がある。

　以上の点をまとめると，過労死や（特に）過労自殺の原因を探る場合，組織ストレスの視点からどのような組織要因がストレスに影響するかを検討することが有効である。そこで，本章では，日本の労働者の組織ストレスの背景に日本型人的資源管理（HRM）が関与していることを想定し（図13-5），日本型HRMがどのような点でストレスに影響するかを前章で紹介した二つの組織ストレス理論に従って検討してみよう。

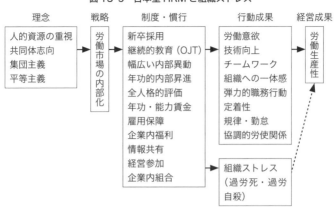

図 13-5　日本型 HRM と組織ストレス

出所：石田 (1985)，p.4　図 1-1 を元に著者作成。

## 2.　役割理論からのアプローチ

　役割理論からみた場合，日本型 HRM は，役割葛藤と役割の曖昧さを高め，その結果ストレスをもたらすと考えられる。まず，日本型 HRM の理念としての集団主義，制度・慣行としての全人格的評価，行動成果としての弾力的職務行動は，「個人－役割」葛藤を高める可能性がある。集団主義は個人の利益より集団の利益を優先する傾向であり（それが本音ではなく，集団圧力によるものであっても），協調性や忠誠心など仕事の能力以外の態度・行動を評価する全人格的評価や弾力的職務行動（職務規定の不明確さ）は集団主義的な行動傾向をより強めるので，個人の価値観や欲求と葛藤し，自我欲求の抑圧によるストレスをもたらす（Smith & Misumi, 1989）。「つきあい」で行う残業や課内旅行（宮本, 1993），そして有給休暇が取れない理由として上位に挙げられる「周囲に迷惑がかかる」「とりにくい職場の雰囲気」（10 章参照）などが例として挙げられる。

　また，理念としての集団主義・平等主義と，能力主義的な制度（長期間にわたる競争によって決まる内部昇進，「年功・能力」賃金）は，「送り手内」または「送り手間」（以下「送り手（内・間）」）葛藤をもたらす。つまり，個人の利益より集団の利益を優先し，能力・業績で個人間の差をつけないという理念

がある一方，個人の能力や業績を長期的に評価し，競争で勝ったものを昇進さ
せる，という組織（送り手）からの矛盾するメッセージによる葛藤である。労
働者はこの葛藤に対し，価値規範としての集団主義と生活の手段としての個人
主義を使いわけることによって対処している（熊沢, 1989）。つまり，日本の
労働者は，自らの価値規範やアイデンティティを組織の中に埋め込む（価値規
範としての集団主義）一方，生活の維持・向上をもっぱら個人の努力や工夫に
よって果そうとする（生活の手段としての個人主義）のである（図 13-6）。労
働者の間は親和的な関係にみえるが，同時に競争原理も働いている（ラミス・
斎藤, 1991）ので，子供のうちから「能ある鷹は爪を隠す」ことに気を配らな
ければならない（宮本, 1993）。

　さらに，全人格的評価（協調性や忠誠心の人事考課）は，別な意味での「送
り手（内・間）」葛藤を引き起こす可能性がある。協調性や忠誠心は本来個人
の内面で自発的に形成・発揮されるものであるが，評価の対象にされることに
よって，「強制された自発性」となる（熊沢, 1993）。例えば，大手自動車メー
カーマツダのアメリカ工場で日本人管理職が現地の労働者に「帽子をかぶりた
いと思うようになれ」と命令して反発を買ったのは，帽子をかぶるかどうかが
自由意志であるにも関わらず，自発性を強制したからである（熊沢, 1993）。
トヨタ堤工場従業員の過労死の認定を争う裁判（2007）でも，本人の時間外の
QC サークル活動が自由意志で行われたかが争点となったが，その活動が人事

図 13-6　2種類の集団主義

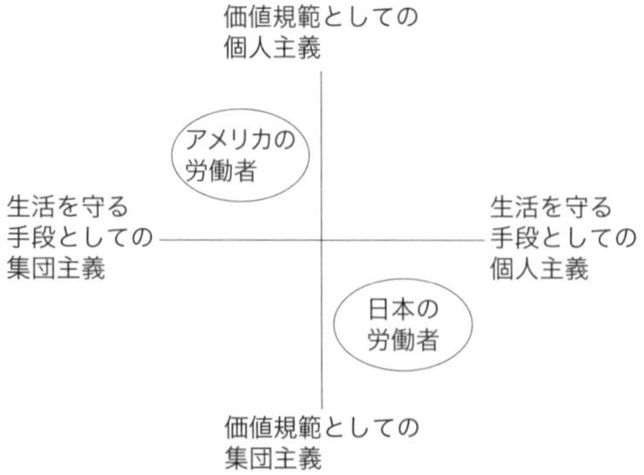

出所：熊沢（1989），p.183 図を元に著者作成。

評価の対象となっていたことから「QC は業務」と認定された。「自由意思で行う」よう指示・命令することによって生じるこの葛藤は，「送り手（内・間）」の指示の間の矛盾ではなく，ダブルバインド（p.126 のコラム参照）のように異なるレベルの指示の間の逆説から生じていると考えられる。

さらに，日本型 HRM は，「役割間」葛藤を引き起こしやすい側面を持っている。幅広い内部異動は，動機づけや能力・技能の向上をもたらすユーストレスになりうるが，単身赴任のように転居を伴う異動は，会社と家族の間で役割間葛藤を生じさせディストレスにもつながる。そして，そのような異動は，家族にも葛藤を引き起こす。共働きの妻（夫）はもちろん，専業主婦の妻も，夫の健康を心配する一方，頑張って働いて出世してほしいというアンビバレントな心理（「亭主達者で留守がいい」）に陥る（熊沢, 1993）。

以上の他，日本型 HRM の特徴である幅広い内部異動や職務規定の不明確さは労働者に柔軟な働き方を要請する（熊沢, 1997）ので，それが本人の能力を超えた場合役割過重になりうる。例えば，事務部門から営業セールス部門への配置転換や出向・転籍，ジャスト・イン・タイム方式（生産の各工程の在庫を最小限にするためにカンバンを使って生産調整を行う方法）などは，変化への高い対応能力や柔軟性を必要とする。また，企業別組合では，企業と組合の利害が一致しやすいので，協調的な労使関係が形成されやすい一方，「会社あっての組合」という表現に見られるように，労働者一人一人の処遇をコントロールする組合の力が弱まるので，結果として労働者の役割過重の可能性が高まる。

これまでの説明に繰り返し出てきたように，日本型 HRM はその下で働く従業員にとって役割の曖昧さを多く含んでいる。職務規定の不明確さは，まさに一人一人の労働者の役割の範囲が不明確で，職場に「誰の仕事でもない」仕事が多いことを意味する。また，曖昧さを前提にして集団に合わせ協調することが評価される（全人格的評価）ので，「人に迷惑をかけない」「気配り」「配慮」が必要となる。このような役割の曖昧さが組織ストレスを高めている可能性がある。

## 3.「職務要求―コントロール」モデルからのアプローチ

「職務要求―コントロール」モデルから見た場合，日本型 HRM は労働者の
組織ストレスにどのような影響をもたらすだろうか。

まず，日本型 HRM のもとでは全体として職務要求度（仕事の量的負荷，予
期しない仕事，対人葛藤）が高いと考えられる。例えば，10・11 章で詳述し
たように，日本型 HRM は労働市場の内部化によって労働者の継続的コミット
メントを高める一方，平等主義と職務規定の不明確さによってフリーライダー
を発生させやすいので，労働者の相互の監視と規制によって集団主義的行動と
しての働きすぎを生みやすい。また，職務規定の不明確さと全人格的評価，企
業別組合などの特徴を併せて考えると，日本型 HRM は労働者個々人の仕事の
範囲を際限なく拡大させる可能性を持つので，仕事の量的負荷という点で職務
要求を高める。さらに，これらの特徴に加え，幅広い内部異動は，柔軟な働き
方を求めるので，「予期しない仕事」という面での職務要求も強める。そして，
役割理論からのアプローチで述べたように，「対人葛藤」の点でも職務要求を
高めると考えられる。

次に，コントロールについてみると，日本型 HRM においては，全般的に職
務裁量の幅が広い。QC サークルの例に見られるように，仕事のやり方につい
て従業員に意見を聞いたり，決定に参加させたりする経営参加が，職場レベル
での裁量（直接的コントロール）を高める。また，職務規定の不明確さは，決
められた範囲の仕事を少ない種類の技能で繰り返すのではなく，色々な仕事で
多様な技能を使う機会を増やすので，技能の幅という点でも労働者の裁量を広
げる。

以上の点からすると，日本型 HRM のもとでの仕事は，全体として職務要求
もコントロールも高い「active job」になりやすいので，仕事への動機づけや
学習が促進され，能力・技能が高まると想定される。確かに，この点で「職務
要求―コントロール」モデルは日本型 HRM の持つポジティブな行動成果（図
13-5）を説明している。それでは，このモデルでは過労死や過労自殺といった
組織ストレスの高さを示すようなネガティブな効果は説明できないのだろう

か。

　「過労死110番」の相談者99人（うち死亡80人）の循環器疾患発症時の仕事内容を「職務要求—コントロール」モデルに基づいて分析した山川・上畑（1989）は，職務要求度が高くコントロールが低い「high strain job」が多かったものの，両方とも高い「active job」も多いことを報告している（図13-7）。この結果は，「active job」であってもストレス反応を高める可能性を示しており，日本の労働者においては「職務要求—コントロール」モデルが適合しないことを示している。

　しかし，山川・上畑（1989）の結果は，同時に日本型HRMのもとでの仕事についてはコントロールの量だけでなく質も検討する必要があることも示唆する。日本企業においてコントロールの高さがストレス反応の低下をもたらさないのは，コントロールが自分の意志で行われていない，つまり「強制された自発性」だから，というのが一つの可能性である。例えば，「仕事のやり方を自由に選び，決める」ことを指示・命令されたり，評価の対象にされている場合である。また，コントロールが公式に与えられている管理職であっても，実際上はコントロールがないといういわゆる「名ばかり管理職」が多いという可能性もある。さらに，職場レベルでのコントロール（直接的コントロール）は実

図13-7　仕事内容別の過労死の件数

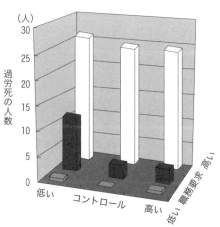

出所：山川・上畑（1989），p.8 図2を元に著者作成。

際に高くても，企業別組合の場合労働者の代表を通じたコントロール（間接的コントロール）が弱いため，全体としてコントロールが低くなっている可能性も考えられる。

　以上のように，コントロールの質を考えると，日本型 HRM のもとでの仕事が「active job」であるとともに「high strain job」となりやすく，その極端な結果が過労死や過労自殺であるかもしれない。そして，コントロールの質を検討することは，日本企業特有の過労死・過労自殺の問題を考えるだけでなく，「職務要求―コントロール」モデルを見直し，発展させる契機になるであろう。

### ☕ ダブルバインド

　二重の拘束。一つの禁止命令が出されると同時にそれより抽象的なレベルで相反するもう一つの禁止命令が出され，しかもそれらにすぐに応答しなければならない状況。例えば，母親が子供に「遊んじゃダメよ」と命令する一方で「私が禁止したからといってそれに素直に従う人がありますか」と伝えたら，子供は混乱し，どうすれば良いか迷うだろう。この概念を提案したベイトソン（Bateson, 1972）は，統合失調症の患者をこの子供と同様に身動きできない状況に陥っていると考え，この病気をコミュニケーション障害として説明しようとした。

　ダブルバインドは，同じレベルではなく，異なるレベルのメッセージ同士が相反するので，矛盾と区別して逆説と言った方が良いかもしれない。クレタ出身のパルメニデスが「クレタ人は皆嘘つきだ」と言った時，一見矛盾はなさそうだが，「クレタ人は皆嘘つきだ」というメッセージとそれを発した人がクレタ人であるという情報を重ね合わせたとき，何が本当かわからなくなる。

　このような逆説は日常生活によく転がっている。「自分から勉強するようになりなさい」と親から命令されて自分から勉強するようになった子供は，本当に自分からそうなったのだろうか。そういう疑問を抱いた子供は混乱状態に置かれるのではないか。会社の飲み会で上司が「今日は無礼講だから言いたいことを何でも言いなさい」と言いながら，他方で「ここは会社なんだから，無礼講にも限度があることぐらい大人ならわかるよね」と述べたとき，大人である部下も子供と同じような混乱状態に置かれていないだろうか。

## まとめ

1. 日本型 HRM は，従業員の組織ストレスを高め，その結果過労死・過労自殺をもたらしている可能性がある。
2. 役割理論によれば，日本型 HRM の集団主義，全人格的評価，職務範囲の不明確さなどの特徴は役割葛藤や役割の曖昧さを通じて組織ストレスを高める。
3. 日本型 HRM においては，職務要求・コントロールともに高い active job が仕事への動機づけを高めると同時にストレインも高めている可能性がある。

## さらに学ぶために

1. 日本企業の HRM システムの変化は，従業員の組織ストレスに対してどのような影響をもたらすか参考図書（例えば，大野，2003）を読んで検討してみよう。
2. 過労死・過労自殺の事例（例えば，熊沢，2010）を読んで，その原因を組織ストレスの二つの理論に基づいて分析してみよう。
3. 自分自身の経験から，アルバイト先，学校，家庭での役割葛藤がストレス要因になっている例を考えてみよう。

## 参考図書

ベイトソン，G.（2000）『精神の生態学 改訂第 2 版』新思索社。

熊沢誠（1989）『日本的経営の明暗』筑摩書房。

熊沢誠（1993）『新編　日本の労働者像』筑摩書房。

熊沢誠（1997）『能力主義と企業社会』岩波書店。

熊沢誠（2010）『働きすぎに斃れて』岩波書店。

ダグラス・ラミス ＆ 斎藤茂男（1991）『ナゼ日本人ハ死ヌホド働クノデスカ』岩波書店。

宮本政於（1993）『お役所の掟―ぶっとび「霞が関」事情―』講談社。

大野正和（2003）『過労死・過労自殺の心理と職場』青弓社。

# 第14章

# 組織で不正行為がなぜ起きるか

## 組織性逸脱行為

## 1. 組織性逸脱行為とは

　日本の大企業や官庁で不正行為が相次いでいる。組織において不正行為はなぜ起きるのだろうか。それは，犯罪的な傾向を持った特別な人が行うのだろうか，それとも組織に属している人であれば誰でも行う可能性があるのだろうか？　本章では，組織の不正行為の発生メカニズムを社会心理学や組織心理学の様々な理論に基づいて考えてみよう。また，組織の不正行為はどの国でも起こりうるという前提に立った上で，日本企業で起こっている不正行為が日本型HRM の特徴とどのような関係にあるか検討してみよう。

　まず，組織における不正行為と一口に言っても色々な種類があるので，それらを区別する必要がある。本章では，不正行為の動機・目的と不正の重大性の違いによって，四つのタイプに分けることにする（表14-1）。まず，不正行為は，その動機・目的によって，個人の利益のために行われる場合と組織の利益のために行われる場合の二種類に分けられる。また，不正の重大性の程度に

表14-1　組織における不正行為の種類

| | | 動機・目的 | |
|---|---|---|---|
| | | 個人の利益 | 組織の利益 |
| 重大性<br>（制裁の種類） | 法的処罰 | 職務犯罪<br>（例）業務上横領 | 組織体犯罪<br>（例）入札談合 |
| | 社会的制裁・<br>道義的責任 | 違反・不祥事<br>（例）多くのハラスメント | 違反・不祥事<br>（例）多くの食品偽装 |

出所：著者作成。

よって法的な処罰の対象となる犯罪と，社会的・道義的に批判される違反・不祥事と呼ばれるものに分けられる。

　重大な不正行為は，その動機・目的によって職務犯罪と組織体犯罪に分けられる。職務犯罪（occupational crime）は，個人または複数個人が自らの利益を得るために，組織内の地位や役割を利用して行うものである。例えば，業務上横領や収賄などが挙げられる。他方，組織の利益のために行われるのが組織体犯罪（organizational crime）である。これは，合法的な公式組織において組織目標に従って，個人あるいは複数の個人によってなされる作為あるいは不作為の不法行為（井上，1988）をいう。例えば，「ブラック企業」の雇用管理，薬害，談合，詐欺的商法，公害などで，これらは，被雇用者，消費者，一般大衆に深刻な身体的・経済的影響を与える。なお，経営者・管理者など社会的地位の高い人たちがその地位や権限を利用して業務上行う犯罪はホワイトカラー犯罪（Sutherland, 1949）と呼ばれるが，そこには職務犯罪と組織体犯罪の両方が含まれる。4タイプのうち重大性が低い不正行為も，個人の利益のために行われる違反・不祥事と組織の利益のために行われる違反・不祥事に分類できる。

　本章では，上記の4タイプのうち組織のために行われる犯罪および違反・不祥事に焦点を当てる。これら重大性を問わず組織のために行われる不正行為は，組織性逸脱行為（organizational misconduct behavior）と呼ばれる。これは，集合効果（組織の利益）を目的として，集団内のメンバーによって行われ，当該集団以外の人々に何らかの悪影響をもたらす社会的逸脱行為である（本間，2007）。以下，このような組織性逸脱行為がなぜ発生するか考えてみよう。

## 2. 組織性逸脱行為の理論

　組織性逸脱行為には，組織風土，同調，組織コミットメントなどこれまでの章で取り上げてきた様々な社会・組織心理学的要因が関係している。例えば，組織風土つまり企業や職場の雰囲気が逸脱に対して許容的であれば個々の従業員も逸脱を起こしやすくなるであろう。また，職場内の大多数の人たちが逸脱

に手を染めていれば，それに流されたり，声をあげにくいかもしれない。つまり，同調による逸脱が起こるであろう。そして，組織と感情的に一体化したり，組織からの利益や離脱コストが大きいと，組織の利益のために不正な行為にも関与しやすくなるかもしれない。即ち感情的な組織コミットメントや継続的な組織コミットメントが間接的に逸脱に関係する可能性がある。

　他方，これまでの章で取り上げて来なかったが，組織の階層構造も逸脱に関係している。組織には通常上下関係があるから，権威や権力への服従が逸脱をもたらすことがある。服従とは，自分の信念に合致しなくても権威者の指示や命令に従ってしまうことを言う。社会経済生産性本部「新入社員春の意識調査」（2018）によれば，「上司から良心に反する仕事を頼まれたら？」という質問に，「指示どおり行動する」が37％だったのに対し，「従わない」は14％にすぎなかった（図14-1）。「服従の名によって」違法行為に手を染める可能性を組織に入ったばかりの社員達が自覚しているのである。

　このように，権威への服従によってごく普通の市民が非人道的な行為を行っ

図14-1　「上司から良心に反する仕事を頼まれたら？」への回答

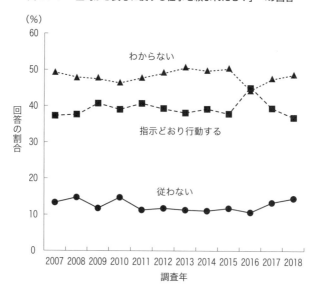

出所：社会経済生産性本部調査「2018 年度 新入社員 春の意識調査」
　　　https://activity.jpc-net.jp/detail/ird2/activity001536/attached.pdf

てしまうことを示したのが，いわゆる「アイヒマン実験」（Milgram, 1974）である。この実験は，ごく普通の一般市民が教師役として実験に参加し，生徒役となった別の参加者（実は実験協力者）に暗記学習をさせた。暗記学習での罰の効果を調べるというのが表向きの目的だったので，教師は生徒が間違う度に罰（電気ショック）を与え，しかもその強度を上げ続けなければならなかった。自らが下した罰によって（実は演技で）苦しみを増していく生徒を前にして教師役の一般市民が実験者（大学教授）の指示にどこまで従うかを調べるのが実験の本当の目的だった。実験の結果を事前に精神科医に予測してもらったところ，人の生死に関わるような最大強度の電気ショックを与える人はごくわずかとされたが，実際は，参加者の60％が最後まで実験者に服従を続け，最大強度まで電気ショックをあげたのだった（図14-2）。この実験は，ナチスドイツのユダヤ人大量虐殺に直接関与したとして第二次大戦後裁判にかけられたアイヒマンが，偏りのある特殊なパーソナリティの持ち主ではなく，本人の証言通り「命令と法律に従って」職務を行っただけだった可能性を示す。誰もが状況次第でアイヒマンになるかもしれないのである。

　この実験を行ったミルグラムは，権威への服従が起こる理由として，人が階層構造のなかに組み込まれると，自分自身を他人の願望を実行するエージェン

図14-2　「アイヒマン」実験の予測と実際の結果

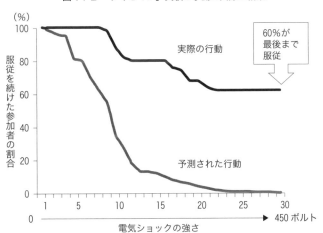

出所：Milgram (1974), p.30 Fig.5 を元に著者作成。

ト（代理人）または道具にすぎないと捉え（エージェント状態），自分の行動に責任を感じなくなるから，と述べている（Milgram, 1974）。また，社会的影響の視点から考えると，権威者からの影響は，影響の受け手の三つの反応パターン（Kelman, 1958）のうち，内面化によるものと考えられる。これは，他者の考えを自分のものとして受け入れるという反応で，他者に信憑性がある場合に生じる。例えば，ミルグラムの実験を一部変えて実験者役を一般市民が行ったところ，服従が大きく減少した（Milgram, 1974）のは，実験者に権威や信憑性が必要であることを示している。

　組織は地位と役割に分化しているので，地位だけでなく役割も組織性逸脱行為に影響しそうである。組織のなかで役割を遂行すること（役割行動）がその人の態度や行動を変化させることを示したのが，1970年代に行われた模擬刑務所実験（Zimbardo, 2007）である。この実験では，正常な大学生を看守役と囚人役に割り振って模擬刑務所に収容した結果，囚人は病理的，または学習性無気力状態になり，看守は役割に積極的に関与し，楽しみ，一部はサディスティックになったのである。

　この実験には二つの発見がある。一つは，人が集団のなかに埋没し個人としての意識が低下した，いわゆる没個性化状況では，普段の生活で抑制されている行動が発生しやすくなることである。この実験では，看守も囚人もそれぞれ制服が与えられ，囚人は番号で呼ばれるなど，個人としての意識が低下していた。アメリカの刑務所における残虐行為の頻発や出所後の累犯率の高さは，被収容者や看守の持つパーソナリティが原因ではなく，没個性化・非人格化された状況によって生じている可能性がある。

　もう一つの発見は，役割演技の影響力である。人工的・一時的な状況であるとわかっていても，役割を演じることは行為者に現実的な影響を与える。この影響は認知的不協和理論によって説明できる。例えば，看守の場合，きつい労働に対して安い報酬（15 \$/1日）しか与えられず，実験への参加が自発的であった（強制されていない）ため，実験への参加を継続する十分な理由づけができなかった。そこで，そのような認知的不協和を低減するため，仕事そのものへの興味・関心が高まり，のめり込んでいったと考えられる。

## 3. 日本型 HRM と組織性逸脱行為

　組織性逸脱行為は，国・文化・社会の違いや組織の種類（学校，病院，軍隊，教会など）に関わりなく発生し，かつ「見て見ぬふり」によって表沙汰になりにくい（Heffernan, 2011）。いわば，普遍的な組織の病理である。その意味で，日本企業・官庁で起きている組織性逸脱行為も例外ではないが，もし特徴があるとすれば何だろうか，そしてそれは日本型 HRM とどのような関係にあるだろうか。

　日本の大企業でいわゆる組織体犯罪や不祥事が起こると，多くの場合その原因と責任を明らかにするために，第三者委員会による調査が行われる。例えば，日本の大手精密機器メーカー，オリンパスを舞台にした経営粉飾決算事件でも第三者委員会が設けられ，経営トップによる処理及び隠蔽／企業風土・意識／隠蔽等の手段の巧妙さ／会社法上の各機関の役割不足／監査法人の機能不全／外部専門家による委員会等の機能不全／情報の開示の不足／会社の人事ローテーションの機能不全／コンプライアンス意識の欠如／外部協力者の存在，などが原因として列挙されている（第三者委員会調査報告書, 2011）。この報告書では，企業風土・意識と呼んでいるが，その他多くの事件の報告書で組織性逸脱行為の原因として共通に挙げられているのが，組織風土である。

　組織風土はどの国においても組織性逸脱行為の要因となりうるが，日本の組織に特徴的な風土として，属人思考の強い組織風土つまり属人的組織風土（岡本・鎌田, 2006）が挙げられる。属人思考とは，ものごとを判断する際に「事柄」より「人的要素」を重視する傾向で，そのような傾向が強くなると，対人関係が過度に濃厚で，意見の賛成・反対が対人関係の正負と混同され，事柄を事柄として冷静に見ようとする姿勢が低下する。そして，組織のなかで起きる違反を個人の利益を目的として行われる個人的違反と組織や職場の利益のために行われる組織的違反に分けると，属人的組織風土は，組織的違反を容認する雰囲気を強め（図14-3），実際に属人的組織風土の傾向が高い職場の方が低い職場より組織的違反が多かった（図14-4）（岡本・鎌田, 2006）。

　また，属人的組織風土と関連する組織文化の特徴としてトップダウンや同質

図 14-3　属人的組織風土と組織的違反容認の雰囲気の関係

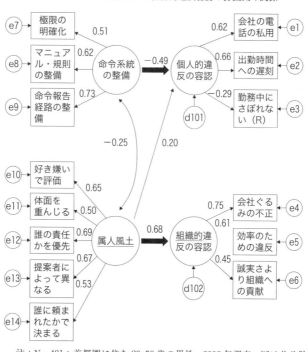

注：N＝481：首都圏に住む 29-59 歳の男性。2002 年調査。図は共分散
　　構造分析の結果。係数はすべて有意（$p<.05$）
出所：岡本・鎌田（2006），p.101 図 5 を元に著者作成。

性を重視する傾向が見られ，属人的組織風土と関連する従業員の個人的特性と
して継続的コミットメントの高さが見られた（岡本・鎌田，2006）。以上の研
究結果からすると，属人的組織風土，服従志向（トップダウン型組織文化），
同調圧力（「同質性重視」の組織文化）・継続的組織コミットメントは，相互に
関係を持っており，これらが日本企業においてまとまって存在する場合，組織
性逸脱行為の要因となることが考えられる。
　それでは，日本型 HRM はこれらの要因にどのような影響を与えているだろ
うか。日本型 HRM を労働市場の内部化戦略によって統合された HRM 施策群
として説明するモデル（石田，1985）をあてはめてみると，日本型 HRM は二
つのルートを通じて組織性逸脱行為に影響することが想定できる（図 14-5）。

図14-4　属人的風土の高低と組織的違反の関係

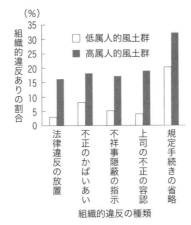

注：N＝487：首都圏に住む29-59歳の男性。2002年調査。
　　高群と低群の差はすべて有意（$p<.01$）。
出所：岡本・鎌田（2006），p.103 表3を元に著者作成。

図14-5　日本型HRMと組織性逸脱行為の関係モデル

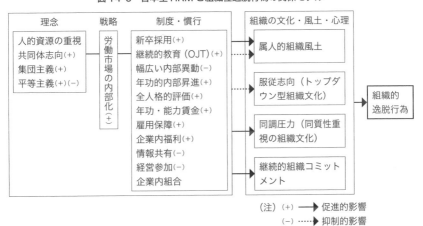

出所：著者作成。

一つのルートは，日本型 HRM の様々な特徴（理念としての共同体志向，集団主義，平等主義，戦略としての労働市場の内部化，制度・慣行としての新卒採用，継続的教育（OJT），年功的内部昇進，全人格的評価，年功・能力賃金，雇用保障，企業内福利）が属人的組織風土・同調圧力・継続的組織コミットメントを強め，逸脱行為を促進するというプロセスである。もう一つのルートは，日本型 HRM の別の諸特徴（理念としての平等主義，制度・慣行としての幅広い内部異動，情報共有，経営参加）が属人的組織風土・トップダウン型組織文化を弱めることによって逸脱行為を抑制するというプロセスである。このモデルに従えば，日本型 HRM の特徴のうち組織性逸脱行為を促進する側面と抑制する側面のバランスが崩れたとき，つまり前者の側面が強まったり，後者の側面が弱まったりしたとき，逸脱が生じやすくなると考えられる。ただし，このモデルは実証を経たものではないので，今後事例研究だけでなく，定量データに基づくモデルの検証を行う必要がある。

### 🔊 内部告発

　組織性逸脱行為は監督機関や消費者など組織外部からの指摘によって発覚する場合もあるが，内部からの告発によって明るみに出ることも多い。後者のように，会社や団体などの組織内の人間が，組織で行われている不正・違法な行為を，監督官庁や報道機関など外部に知らせることを内部告発（whistle blowing：警笛を鳴らすこと）という。これに対し，組織内部の信頼できる窓口（例えば，「コンプライアンス・ホットライン」）に知らせることを内部通報という。

　どちらにしても，社会全体の利益になる行為であるが，告発者や通報者には，組織の側から解雇・降格・減給などの報復を受けるリスクがある。そこで，公益のために通報を行った人への不利益な扱いを禁じたのが，公益通報者保護法（2006 年施行）である。ただし，諸外国の類似の法律に比べると，この法律は，通報対象事実を犯罪行為に限定し，通報者保護の要件が厳しく，罰則規定も報償規定もないため，通報者にまだ相当のリスクが残っている（有斐閣 経済辞典 第 5 版, 2012）。そのような問題点を含め，現在改正案が検討されている。

## まとめ

1. 組織性逸脱行為とは，合法的な公式組織において組織目標に従ってなされる社会的逸脱行為をいう。
2. 組織性逸脱行為を社会・組織心理学的視点から見ると，組織風土，同調，組織コミットメント，服従，役割行動などの概念で説明される。
3. 日本企業の場合，属人的組織風土がトップダウン型文化・同調圧力・継続的コミットメントと関係しながら組織性逸脱行為に影響し，そのプロセスに日本型 HRM が促進・抑制の両面で働いている可能性がある。

## さらに学ぶために

1. 企業犯罪に関する調査報告書等を読み，その原因を社会・組織心理学的に説明してみよう。
2. アイヒマンの行動は，個人的特殊性によるものか，組織との関係で生じたものか，各種図書（例：アレント，1994）によって調べてみよう。
3. あなたが会社やアルバイト先で上司から良心に反する仕事を指示されたらどうするか。それに従う（従わない）とすればなぜか？　その心理を分析してみよう。

## 参考図書

アレント，H.（1994）『イェルサレムのアイヒマン 新装版』みすず書房。

ヘファーナン，M.（2011）『見て見ぬふりをする社会』河出書房新社。

本間道子 編著（2007）『組織性逸脱行為過程：社会心理学的視点から』多賀出版。

ミルグラム，S.（2012）『服従の心理』河出書房新社。

岡本浩一・鎌田晶子（2006）『属人思考の心理学』新曜社。

ジンバルド，P. G.（2015）『ルシファー・エフェクト ふつうの人が悪魔に変わるとき』海と月社。

# 引用文献一覧

（第 1 章）

Bertalanffy, L. v. (1968) *General systems theory: Foundation, developments, and applications*. George Braziller.（フォン・ベルタランフィー, L. 長野敬・太田邦昌（訳）(1973). 一般システム理論：その基礎・発展・応用 みすず書房）。

Luhmann, N. (1964) *Funktionen und Folgen formaler Organisation*, Duncker & Humblot.（ルーマン, N. (1992/1996)『公式組織の機能とその派生的問題 上・下』沢谷豊・関口光春・長谷川幸一 訳，新泉社）。

（第 2 章）

Herzberg, F. (1966) *Work and the nature of man*, T. Y. Crowell.（ハーズバーグ, F. (1983)『仕事と人間性』北野利信 訳，東洋経済新報社）。

桑田耕太郎・田尾雅夫 (2010)『組織論 補訂版』有斐閣。

Latham, G. P. (2007) *Work motivation: History, theory, research, and practice*, Sage.（レイサム, G. P. (2009)『ワーク・モティベーション』金井壽宏 監訳 依田卓巳 訳，NTT出版）。

Maslow, A. H. (1954) *Motivation and personality*, Harper & Row.（マズロー, A. H. (1971)『人間性の心理学』小口忠彦 監訳，産業能率大学出版部）。

McClelland, D. C. (1964) *The roots of consciousness*, Van Nostrand.（マックレランド, D. C. (1969)『国民性の心理学：深層心理学的考察』望月衛 訳編，誠信書房）。

McClelland, D. C. (1987) *Human motivation*, Cambridge University Press.（マックレランド, D. C. (2005)『「達成・パワー・親和・回避」動機の理論と実際』梅津祐良・薗部明史・横山哲夫 訳，生産性出版）。

Murray, H. A. (1938) *Explorations in personality*, Oxford University Press.（マレー, H. A. (1962)『パーソナリティ I，II』外林大作 訳編，誠信書房）。

全国大学生活共同組合連合会 (2018)「第 53 回学生生活実態調査」(http://www.univcoop. or.jp/press/life/report.html)。

（第 3 章）

Adams, J. S. (1965) "Inequity in social exchange," *Advances in Experimental Social Psychology*, 2, 267-299.

Atkinson, J. W. (1958) *Motives in fantasy, action and society*, Van Nostrand.

Bandura, A. ed. (1995) *Self-efficacy in changing societies*, Cambridge University Press.（バンデューラ, A. 編 (1997)『激動社会の中の自己効力』本明寛・野口京子 監訳 本明寛・野口京子・春木豊・山本多喜司 訳，金子書房）。

Drucker, P. F. (1954) *The practice of management*. Harper.（ドラッカー, P. F. (1996)『[新訳]現代の経営』上田惇生訳，ダイヤモンド社）。

Festinger, L. (1957) *A theory of cognitive dissonance*. Stanford University Press.（フェスティンガー, L. (1965)『認知的不協和の理論：社会心理学序説』末永俊郎監訳，誠信書房）。

Latham, G. P. (2007) *Work motivation: History, theory, research, and practice*, Sage.（レイサム, G. P. (2009)『ワーク・モティベーション』金井壽宏 監訳 依田卓巳 訳，NTT出版）。

Locke, E. A. (1982) "Relation of goal level to performance with a short work period and multiple goal levels," *Journal of Applied Psychology*, 67, 512-514.

Locke, E. A. & Latham, G. P. (1984) *Goal setting: A motivational technique that works!*, Prentice-Hall.（ロック, E. A.・レイサム, G. P. (1984)『目標が人を動かす』松井賚夫・角山剛 訳，ダイヤモンド社）。

Locke, E. A., & Latham, G. P. (1990) *A theory of goal setting and task performance*. Prentice Hall.

Vroom, V. H. (1964) *Work and motivation*,

Wiley. (ヴルーム, V. H. (1982)『仕事とモチベーション』坂下昭宣・榊原清則・小松陽一・城戸康彰 訳, 千倉書房)。

(第4章)
Coch, L., & French Jr, J. R. (1948) "Overcoming resistance to change," *Human relations*, 1 (4), 512-532.

Dunnette, M. D., Campbell, J., & Jaastad, K. (1963) "The effect of group participation on brainstorming effectiveness for two industrial samples," *Journal of Applied Psychology, 47*, 30-37.

本間道子 (2011)『集団行動の心理学』サイエンス社。

Janis, I. L. (1972) *Victims of groupthink: A psychological study of foreign policy decisions and fiascoes*, Houghton Mifflin.

亀田達也 (1997)『合議の知を求めて：グループの集団決定』共立出版。

Latane, B., Williams, K. & Harkins, S. (1979) "Many hands make light the work: the causes and consequences of social loafing," *Journal of Personality and Social Psychology*, 37, 822-832.

Lewin, K. (1953) "Studies of group decision," in D. Cartwright & A. Zander eds., *Group dynamics: Research and theory*, Tavistock, pp.287-301.

Moscovici, S. & Zavalloni, M. (1969) "The group as a polarizer of attitudes," *Journal of Personality and Social Psychology*, 12, 125-135.

Osborn, A. F. (1952) *Applied imagination: Principles and procedures of creative problem-solving*, Charles Scribner. (オスボーン, A. F. (1958)『独創力を伸ばせ』上野一郎 訳, ダイヤモンド社)。

Shaw, M. E. (1932) "A comparison of individuals and small groups in the rational solution of complex problems," *The American Journal of Psychology*, 44, 491-504.

Surowiecki, J. (2004) *The wisdom of crowds: Why the many are smarter than the few and how collective wisdom shapes business,*

*economies, societies, and nations*, The Doublesday Broadway. (スロウィッキー, J. (2006)『「みんなの意見」は案外正しい』小高尚子 訳, 角川書店)。

(第5章)
Cordery, J. (1996) "Autonomous work groups and quality circles," in West, M. A. ed., *Handbook of work group psychology*, John Wiley & Sons, pp.225-246.

Cropanzano, R., & Wright, T. A. (2001) "When a "happy" worker is really a "productive" worker: A review and further refinement of the happy-productive worker thesis," *Consulting Psychology Journal: Practice and Research*, 53 (3), 182.

小林裕 (2001)「人的資源管理システムにおける成果主義的報酬施策の役割：「ハイ・インボルブメント」モデルの実証的検討」『組織科学』34, 53-66。

小林裕 (2015)「参加型HRMシステムが企業業績に及ぼす影響」『東北学院大学教養学部論集』172, 1-24。

小山修 (1999)「生産システムのスウェーデン・モデルをめぐって：フォーディズム・カルマリズム・ウデヴァリズムの生産システムの特質」『産研論集』21, 259-288。

Lawler, E. E. III (1986) *High-involvement management: Participating strategies for improving organizational performance*, Jossey-Bass.

Likert, R. (1961) *New patterns of management.* McGraw-Hill. (リカート, R. (1964)『経営の行動科学：新しいマネジメントの探求』三隅二不二 訳, ダイヤモンド社)。

Likert, R. (1967) *The human organization: Its management and value*, McGraw-Hill. (リカート, R. (1968)『組織の行動科学：ヒューマン・オーガニゼーションの管理と価値』三隅二不二 訳, ダイヤモンド社)。

Roethlisberger, F. J. (1941) *Management and morale*, Harvard University Press. (レスリスバーガー, F. J. (1954)『経営と勤労意欲』野田一夫・川村欣也 訳, ダイヤモンド社)。

Roethlisberger, F., & Dickson, W. (1939)

*Management and the worker*, Harvard University Press.

Schein, E. H. (1980) *Organizational psychology*, 3rd edition, Prentice-Hall.（シャイン，E. H.（1981）『組織心理学』松井賚夫 訳，岩波書店）。

大橋昭一・竹林浩志（2008）『ホーソン実験の研究』同文舘出版。

Trist, E. L. & Bamforth, K. W. (1951) "Some social and psychological consequences of the long-wall method of coal getting," *Human Relations*, 4, 1-38.

Trist, E. (1981) "Socio-technical perspectives: The evolution of socio-technical system as a conceptual framework and as an action research program," in A. H. Van de Ven and W. F. Joyce Eds., *Perspectives on organization design and behavior*. John Wiley & Sons, pp. 19-75.

Vandenberg, R. J., Richardson, H. A., & Eastman, L. J. (1999) "The impact of high involvement work processes on organizational effectiveness," *Group & Organization Management*, 24 (3), 300-339.

（第 6 章）

Asch, S. E. (1951) "Effects of group pressure upon the modification and distortion of judgements," in H. Guetzkow ed., *Groups, leadership and men: Research in human relations*, Carnegie Press.

Antonakis, J., & Day, D. V. (2018) "Leadership: Past, present, and future," in J. Antonakis & D. V. Day eds., *The nature of leadership*, Sage publications, pp.3-26.

Bass, B. M. and Bass, R. (2008) *The Bass handbook of leadership*, 4th ed., Free press.

French, J. R., Raven, B., & Cartwright, D. (1959) "The bases of social power," in D. Cartwright ed., *Studies in social power*, Institute for Social Research, pp. 150-167.（カートライト，D. & ザンダー，A. 編（1970）『グループ・ダイナミクス II（第 2 版）』三隅二不二 他訳，誠信書房，727-748 頁）。

Lewin, K., Lippitt, R., & White, R. K. (1939)

"Patterns of aggressive behavior in experimentally created "social climates"," *The Journal of Social Psychology*, 10, 271-299.

Moscovici, S., Lage, E., & Naffrechoux, M. (1969) "Influence of a consistent minority on the responses of a majority in a color perception task," *Sociometry*, 365-380.

White, R. & Lippitt, R. (1960). Autocracy and democracy, N. Y., Harper.（ホワイト，R.・リピット，R. 三種の「社会的風土」におけるリーダーシップ行動と成員の反応　カートライト，D. & ザンダー，A. 編（1970）『グループ・ダイナミクス II（第 2 版）』三隅二不二・佐々木薫訳編，誠信書房，629-662 頁）。

（第 7 章）

Bass, B. M. (1990) *Bass & Stogdill's handbook of leadership: Theory, research, and managerial applications*, 3rd. ed., Free Press.

Bass, B. M. and Bass, R. (2008) *The Bass handbook of leadership*. 4th ed. Free press.

Judge, T. A., Bono, J. E., Ilies, R., & Gerhardt, M. W. (2002) "Personality and leadership: A qualitative and quantitative review," *Journal of applied psychology*, 87(4), 765-780.

Fiedler, F. E. (1967) "Personality and Situational Determinants of Leadership Effectiveness." in D. Cartwright & A. Zander eds., *Group Dynamics*, 3rd. ed., Harper & Row, pp.362-380.

Halpin, A. W., & Winer, B. J. (1957). A factorial study of the leader behavior descriptions. In R. M. Stogdill & A. E. Coons eds. *Leader behavior: Its description and measurement*. Bureau of Business Research, Ohio State University. pp.39-51.

Hersey, P., Blanchard, K. H., & Johnson, D. E. (1996) *Management of organizational behavior: Utilizing human resources*, 7th ed., Prentice Hall.（ハーシー，P.・ブランチャード，K. H.・ジョンソン，D. E.（2000）『入門から応用へ行動科学の展開：人的資源の活用』山本成二・山本あづさ 訳，日本生産性本部）。

Kahn, R. L. (1956) "The prediction of productivity," *Journal of Social Issues*, 12 (2), 41-49.

Kerr, S., & Jermier, J. M. (1978) "Substitutes for leadership: Their meaning and measurement," *Organizational behavior and human performance*, 22 (3), 375-403.

Katz, D. & Kahn, R. L. (1953) "Leadership from the perspectives of productivity and morale," in D. Cartwright & A. Zander eds., *Group Dynamics*, Row, Peterson & Co., pp.385-（カートライト, D. & ザンダー, A. 編 (1970)『グループ・ダイナミクス II (第 2 版)』三隅二不二 他訳, 誠信書房, 663-680 頁）.

Lewin, K., Lippitt, R., & White, R. K. (1939) "Patterns of aggressive behavior in experimentally created "social climates"," *The Journal of Social Psychology*, 10, 271-299.

Likert, R. (1961) *New patterns of management*, McGraw-Hill.（リカート, R. (1964)『経営の行動科学：新しいマネジメントの探求』三隅二不二 訳, ダイヤモンド社）.

三隅二不二 (1984)『リーダーシップ行動の科学 (改訂版)』有斐閣.

Stogdill, R. M. (1948) "Personal factors associated with leadership: A survey of the literature," *The Journal of Psychology*, 25 (1), 35-71.

White, R. & Lippitt, R. (1960). Autocracy and democracy, N. Y., Harper.（ホワイト, R. & リピット, R. (1970).「三種の「社会的風土」におけるリーダーの行動と成員の反応」カートライト, D. & ザンダー, A. 編 (1970)『グループ・ダイナミクス II (第 2 版)』三隅二不二・佐々木薫訳編, 誠信書房, 629-662 頁）.

**(第 8 章)**

Bray, D. W., Campbell, R. J., & Grant, D. L. (1974) *Formative years in business: A long-term AT&T study of managerial lives*, Wiley-Interscience.（ブレイ, D. W., キャンベル, R. J., & グラント, D. L. (1974)『企業は人をどう変えるか：AT&T 社の能力評価・開発システム：アセスメント・センター

方式の長期運営記録』最上潤 訳, ダイヤモンド・タイムス社）.

Hughes, E. C. (1937) "Institutional office and the person," *American Journal of Sociology*, 43 (3), 404-413.

Krumboltz, J. D., & Levin, A. S. (2004) *Luck is no accident: Making the most of happenstance in your life and career*, Impact Publishers.（クランボルツ, J. D. & レヴィン, A. S. (2005)『その幸運は偶然ではないんです！：夢の仕事をつかむ心の練習問題』花田光世 他訳, ダイヤモンド社）.

南隆男 (1988)「キャリア開発の課題」三隅二不二・山田雄一・南隆男 編『組織の行動科学』福村出版.

Rosenbaum, J. E. (1984) *Career mobility in a corporate hierarchy*, Academic Press.

Rosenbaum, J. E. (1989) "Organizational career systems and employee misperceptions," in M. B. Arthur, D. T. Hall, & B. S. Lawrence eds., *Handbook of career theory*, Cambridge Univ. Press, pp. 329-353.

Schein, E. H. (1980) *Organizational psychology*, 3rd edition, Prentice-Hall.（シャイン, E. H. (1981)『組織心理学』松井賚夫 訳, 岩波書店）.

Turner, R. H. (1960) "Sponsered and contest mobility and the school system: Sponsored and contest mobility," *American Sociological Review*, 258, 55-867.

若林満 (1987)「管理職へのキャリア発達—入社 13 年目のフォローアップ—」『経営行動科学』2, 1-14.

**(第 9 章)**

阿部正浩・松繁寿和 編 (2014)『キャリアのみかた 改訂版』有斐閣.

Aronson, E. (1992) *The social animal 6th. ed.*, W. H. Freeman and Company（アロンソン, E. (1994).『ザ・ソーシャル・アニマル　人間行動の社会心理学的研究』古畑和孝 監訳 岡隆・亀田達也共訳, サイエンス社）.

川口章 (2008)『ジェンダー経済格差』勁草書房.

Kawaguchi, D. (2007) "A Market Test for Sex

Discrimination：Evidence from Japanese Firm-level Panel Data," *International Journal of Industrial Organization*, 25, 441-460.

木本喜美子（1995）「性別職務分離と女性労働者：百貨店 A 社の職場分析から」『日本労働社会学会年報』6, 23-49。

厚生労働省（2013）「平成 25 年度雇用均等基本調査」（www.mhlw.go.jp/toukei/list/dl/71-25r-07.pdf）。

厚生労働省（2017）「平成 29 年度雇用均等基本調査」（https://www.mhlw.go.jp/toukei/list/71-29r.html）。

厚生労働省（2018）「平成 30 年賃金構造基本統計調査」（https://www.mhlw.go.jp/toukei/itiran/roudou/chingin/kouzou/z2018/index.html）。

厚生労働省（2017）「平成 29 年雇用動向調査結果の概要」（https://www.mhlw.go.jp/toukei/itiran/roudou/koyou/doukou/18-2/index.html）。

厚生労働省（2014）「平成 26 年度コース別雇用管理制度の実施・指導状況」（http://www.mhlw.go.jp/stf/houdou/0000101661.html）。

Krumboltz, J. D., & Levin, A. S. (2004) *Luck is no accident: Making the most of happenstance in your life and career*, Impact Publishers.（クランボルツ, J. D. & レヴィン, A. S. (2005)『その幸運は偶然ではないんです！：夢の仕事をつかむ心の練習問題』花田光世他訳, ダイヤモンド社）。

内閣府（2018）「男女共同参画白書 平成 30 年版」（http://www.gender.go.jp/about_danjo/whitepaper/h30/zentai/index.html）。

日本労働研究機構（1995）「大卒者の初期キャリア形成―「大卒就職研究会」報告―」『JIL調査研究報告書』No.64（http://db.jil.go.jp/db/seika/zenbun/E2000012607_ZEN.htm）。

労働政策研究・研修機構（2014）「男女正社員のキャリアと両立支援に関する調査結果（2）―分析編―」（www.jil.go.jp/press/documents/20130312.pdf）。

坂田桐子（2014）「選好や行動の男女差はどのように生じるか―性別職域分離を説明する社会心理学の視点」『日本労働研究雑誌』648, 94-104 頁。

佐野晋平（2005）「男女間賃金格差は嗜好による差別が原因か」『日本労働研究雑誌』540, 55-67 頁。

八代充史（1992）「大手小売業における女性の管理職への昇進：人事部門の機能の実態」『日本労働研究雑誌』388, 28-41。

World Economic Forum (2018) "The Global Gender Gap Report 2018" (http://www3.weforum.org/docs/WEF_GGGR_2018.pdf).

（第 10 章）

Becker, H. S. (1960) "Notes on the concept of commitment," *American Journal of Sociology*, 66 (1), 32-40.

板倉宏昭（2001）「2 次分析による帰属意識の国際比較」『経営行動科学学会第 4 回年次大会発表論文集』88-98。

神林龍（2010）「1980 年代以降の日本の労働時間」樋口美雄 編『労働市場と所得分配』慶應義塾大学出版会, 159-197 頁。

Meyer, J. P., & Allen, N. J. (1991) "A three-component conceptualization of organizational commitment," *Human Resource Management Review*, 1(1), 61-89.

Meyer, J. P. & Allen, N. J. (1997) *Commitment in the workplace: Theory, research, and application*, Sage.

中根千枝（1967）『タテ社会の人間関係』講談社。

Lincoln, J. R. & Kalleberg, A. L. (1990) *Culture, control, and commitment: A study of work organization and work attitudes in the United States and Japan*, Cambridge University Press.

連合（日本労働組合総連合会）（2015）「労働時間に関する調査」（https://www.jtuc-rengo.or.jp/info/chousa/data/20150116.pdf）。

連合総研（連合総合生活開発研究所）（2010）「第 20 回「勤労者の仕事と暮らしについてのアンケート」調査報告書」（http://rengo-soken.or.jp/report_db/pub/detail.php?uid=215）。

労働政策研究・研修機構「データブック国際労働比較 2018」（https://www.jil.go.jp/kokunai/statistics/databook/2018/index.html）。

鈴木竜太（2002）『組織と個人：キャリアの発

達と組織コミットメントの変化』白桃書房。

高野陽太郎（2008）『「集団主義」という錯覚：日本人論の思い違いとその由来』新曜社。

山岸俊男（1999）「一般的互酬性の期待としての集団主義文化」『組織科学』，33（1），24-34。

山岸俊男（2002）『心でっかちな日本人』日本経済新聞社。

渡辺深（1999）『「転職」のすすめ』講談社。

（第11章）

Abegglen, J. C. (1958) *The Japanese factory: Aspects of its social organization*, Free Press. (アベグレン, J. C. (1958)『日本の経営』占部都美 監訳, ダイヤモンド社)。

Beer, M., Spector, B., Lawrence, P. R., Mills, D. Q., & Walton, R. E. (1984) *Managing human assets: The groundbreaking Harvard Business School program*, Free Press. (ビーア, M., スペクター, B., ローレンス, P. R., ミルズ, D. Q., & ウォルトン, R. E. (1990)『ハーバードで教える人材戦略』梅津祐良・水谷栄二 訳, 日本生産性本部)。

Cappelli, P. (1999) *The new deal at work: Managing the market-driven workforce* Boston, Harvard Business School Press. (カペリ, P. (2001)『雇用の未来』若山由美 訳, 日本経済新聞社)。

岩出博（1995）『Lecture 労務管理』泉文堂。

Jacoby, S. M. (1997). *Modern manors: Welfare capitalism since the New Deal*, Princeton Univ. Press. (ジャコビー・S. M. (1999)『会社荘園制：アメリカ型ウェルフェア・キャピタリズムの軌跡』内田一秀・中本和秀・鈴木良始・平尾武久・森杲 訳, 北海道大学図書刊行会)。

神林龍（2016）「日本的雇用慣行の趨勢―サーベイ」『組織科学』50, 4-16 頁。

小林裕（2019）『戦略的人的資源管理の理論と実証：人材マネジメントは企業業績を高めるか』文眞堂。

Lincoln, J. R. & Kalleberg, A. L. (1990) *Culture, control, and commitment: A study of work organization and work attitudes in the United States and Japan*, Cambridge Univ. Press.

野村正實（1994）『終身雇用』岩波書店。

OECD (1972) "OECD Reviews of manpower and social policies: Manpower policy in Japan," OECD. (OECD 労働省 訳・編 (1972)「OECD 対日労働報告書」日本労働協会)。

Ouchi, W. G. (1981) *Theory Z: How american business can meet the Japanese challenge*, Addison-Wesley. (オオウチ, W. G. (1981)『セオリー Z：日本に学び, 日本を超える』徳山二郎 監訳, CBS・ソニー出版)。

労働政策研究・研修機構（2016）「非正規労働者の組織化と労働組合機能に関する研究」JILPT 資料シリーズ 174。

（第12章）

Holmes, T. H., & Rahe, R. H. (1967) "The social readjustment rating scale," *Journal of Psychosomatic Research*, 11(2), 213-218.

Kahn, R. L., Wolfe, D. M., Quinn, R. P., Snoek, J. D., & Rosenthal, R. A. (1964) *Organizational stress: Studies in role conflict and ambiguity*, Wiley. (カーン, R. L., ウォルフ, D. M., クイン, R. P., スノーク, J. D., & ローゼンタール, R. A. (1973)『組織のストレス』西昭夫・大滝伊久男・奥田俊介 訳, 産能短大出版部)。

Kahn, R. L., & Byosiere, P. (1992) "Stress in organizations," in M. D. Dunnette & L. M. Hough eds., *Handbook of Industrial and Organizational Psychology*, second ed., vol.3, pp.571-650.

Karasek, R. A. (1979) "Job demands, job decision latitude, and mental strain," *Administrative Science Quarterly*, 24, 285-307.

Karasek, R. A., & Thörell, T. (1990) *Healthy work: stress, productivity, and the reconstruction of working life*, Basic Books.

Lazarus, R. S., & Forkman, S. (1984) *Stress, appraisal, and coping*, Springer. (ラザルス, R. S.・フォークマン, S. (1991)『ストレスの心理学：認知的評価と対処の研究』本明寛・春木豊・織田正美 監訳, 実務教育出版)。

Selye, H. (1976a) *The Stress of Life, rev. ed*, McGraw-Hill. (セリエ, H. (1988)『現代社会とストレス』杉靖三郎・藤井尚治・田多井

由之介・竹宮隆 訳, 法政大学出版局)。

Selye, H. (1976b) "Forty years of stress research: Principal remaining problems and misconceptions," *Canadian Medical Association Journal*, 115(1), 53-56.

渡辺直登 (1986)「職務ストレスとメンタルヘルス：職務チェックリスト作成の試み」『南山経営研究』1, 37-63。

(第13章)

Bateson, G. (1972) *Steps to an ecology of mind*, Chandler. (ベイトソン, G. (2000)『精神の生態学 改訂第2版』佐藤良明 訳, 新思索社)。

石田英夫 (1985)『日本企業の国際人事管理』日本労働協会。

熊沢誠 (1989)『日本的経営の明暗』筑摩書房。

熊沢誠 (1993)『新編　日本の労働者像』筑摩書房。

熊沢誠 (1997)『能力主義と企業社会』岩波書店。

警察庁・厚生労働省 (2016)「平成28年の自殺の状況」(https://www.npa.go.jp/safetylife/seianki/jisatsu/H28/H28_jisatunojoukyou_01.pdf)。

厚生労働省 (2017)「過労死等防止対策白書 平成29年版」(http://www.mhlw.go.jp/wp/hakusyo/karoushi/17/index.html)。

ダグラス・ラミス／斎藤茂男 (1991)『ナゼ日本人ハ死ヌホド働クノデスカ』岩波ブックレット。

Smith, P. B., & Misumi, J. (1989) "Japanese management: A sun rising in the West," *International Review of Industrial and Organizational Psychology*, 4, 330-369.

宮本政於 (1993)『お役所の掟―ぶっとび「霞が関」事情―』講談社。

「社会実情データ図録」(http://www2.ttcn.ne.jp/honkawa/3280.html)。

山川直子・上畑鉄之丞 (1989)「「過労死110番」相談事例からみた職業性ストレス」『労働法律旬報』1214, 4-12。

(第14章)

Heffernan, M. (2011) *Wilful blindness: Why we ignore the obvious*, Simon and Schuster. (ヘファーナン, M. (2011)『見て見ぬふりをする社会』仁木めぐみ 訳, 河出書房新社)。

本間道子 編著 (2007)『組織性逸脱行為過程：社会心理学的視点から』多賀出版。

井上眞理子 (1988)「アメリカにおける組織体犯罪研究」『犯罪社会学研究』, 13, 80-100。

石田英夫 (1985)『日本企業の国際人事管理』日本労働協会。

Kelman, H. C. (1958) "Compliance, identification, and internalization: Three processes of attitude change," *Journal of Conflict Resolution*, 2, 51-60.

Milgram, S. (1974) *Obedience to authority*, Harper and Row. (ミルグラム, S. (2012)『服従の心理』山形浩生 訳, 河出書房新社)。

岡本浩一・鎌田晶子 (2006)『属人思考の心理学』新曜社。

日本生産性本部「新入社員春の意識調査2016」(http://www.jpc-net.jp/new_recruit)。

Sutherland, E. H. (1949) *White collar crime*, Yale University Press. (サザーランド, E. H. (1955)『ホワイト・カラーの犯罪』平野龍一・所一彦 訳, 岩波書店)。

Zimbardo, P. G. (2007) *The Lucifer effect: Understanding how good people turn evil*, Taylor & Francis. (ジンバルド, I. (2015)『ルシファー・エフェクト ふつうの人が悪魔に変わるとき』鬼澤忍・中山宥 訳, 海と月社)。

# 索　引

【アルファベット】

AT&T　68, 73
LBDQ　59
OJT　100, 104
Off-JT　104
PM 理論　59
QC サークル　42, 122, 124
SL 理論　61

【ア行】

アイヒマン実験　131
アクション・リサーチ　28
アセスメントセンター　68, 73
アッシュ　48
アトキンソン　22
意思決定の質　33
一次的欲求　11
ヴルーム　20
エージェント状態　132
横断的研究　67
オハイオ研究　59

【カ行】

会社人間　84
階層　66
確証バイアス　80
仮説検証型判断　80
家族　2, 4
課題志向行動　60
価値　19
過程理論　10, 19
過労死　84, 117-120, 126
過労自殺　117-120, 126
環境　3
感情的コミットメント　88, 90
間接差別　75
官僚主義的コントロール　94, 99

企業特殊技能　100-101
企業別組合　95-96, 123-124, 126
期待　19
──価値説　20
──理論　19, 22
規範的コミットメント　88
キャリア　65
──システム　73
──ツリー　72
強制された自発性　122
協調的コントロール　94, 99
共同体　2
クラン型組織　99
グループダイナミクス　28
経営学　6
経営参加　94, 100, 124
継続的コミットメント　88, 90, 93, 101, 133
結果期待　23
原因帰属　80
現実集団　30
行為のシステム　4
公式化　4
公式リーダー　51
高次の欲求　14, 16, 43
行動類型論　52, 57
公平　24
──理論　24
効力期待　23
個人－職務適合　71
個人－組織適合　71
コース別雇用管理　76
コミットメント　88, 130
コンテスト（競争）型昇進選抜　73
コントロール　114, 124-126

【サ行】

サイドベット理論　101
裁判員制度　47

サービス残業　85-87, 89, 91
差別　80
参加　28
　　──的経営　43, 45
　　──の動機づけ　15-16
産業心理学　6
サンクコストの理論　101
シェアド・リーダーシップ　63
仕事一般への動機づけ　16
仕事そのものへの動機づけ　16
仕事への動機づけ　10, 15, 19
市場コントロール　94
システム　3
　　──4　43
　　──論　3
　　──論から見た動機づけ問題　15
支配欲求　12
社会─技術システム論　41
社会システム　4, 15
社会的資本　91
社会的ジレンマ　102
社会的手抜き　32
社会的風土　58
社会的欲求　42
終身雇用　95-96
集団極性化　33
集団決定　34
集団思考　34
集団主義　89, 100, 121-122
　　──的な行動　89, 91, 101-103
　　──的な態度　89, 91, 102
集団的意思決定　43
昇進　68, 75
　　──可能性　68, 72
　　──選抜　72
　　──選抜システム　73
少数派の影響力　48
照明実験　37
職業的キャリア　66
職能　66
職場集団　37, 42
職務拡大　43
職務裁量　114
職務充実　43
職務犯罪　129

職務要求　114, 124
「職務要求─コントロール」モデル　114, 124-126
新人間関係論　43
心理的ストレス　108, 110
親和欲求　12
ジェンダー・ステレオタイプ　80
自己効力理論　23
自己充足的予言　80
自己ステレオタイプ化　80-81
実験室実験　28
ジャスト・イン・タイム方式　123
従業員からの影響　94
縦断的研究　67, 70
自由放任型リーダーシップ　57
条件適合論　52, 60
女性の組織内キャリア　75
ジョブチャレンジ　68, 71, 81
ジョブ・ローテーション　104
自律的作業集団　42
人格特性論　52, 55
人事管理　93
人的資源アプローチ　43
人的資源管理　93
垂直的交換　69-71, 81
垂直的適合　95
水平的適合　94
ステレオタイプ　89
　　──脅威　80-81
ストレイン　107
ストレス　106
　　──刺激　107
　　──反応　107, 113-115
ストレッサー　107, 110, 112-113
スポンサー（庇護）型昇進選抜　73
斉一性への圧力　34, 48
勢力　51
セリエ　106
潜在的能力　68-71, 73
専制型リーダーシップ　57
戦略的人的資源管理　95
全人格的評価　121-124
組織　4
　　──化　5, 15
　　──間キャリア　66

──コミットメント　88, 93, 101
──心理学　6
──ストレス　106, 110, 112, 117, 120, 124
──性逸脱行為　129, 133, 136
──体犯罪　129
──的公正　25
──と人間の関係　5
──内キャリア　66
──内キャリアの構造的要因　67, 70-72
──内キャリアの個人的要因　67, 70-71
──の時代　2, 15
──の定義　3
──風土　87-88, 91, 129, 133
ソーシャルサポート　114
属人的組織風土　133

【タ行】

対人葛藤　124
対人的公正　25
タダ乗り　91
達成欲求　11
タビストック研究所　40
ダブルバインド　123, 126
男女雇用機会均等法　75
弾力的職務行動　121
忠臣蔵　89, 91
長時間労働　118-120
調整損失　32
継電気組立実験　37
適応戦略　16
手続き的公正　25
ディストレス　108, 123
統計的差別理論　79
トーナメント型昇進選抜　72
動機　10
──損失　32
──づけ　10
──づけ－衛生理論　14
──モデル　34
同調　48, 130
ドラッカー　25

【ナ行】

内部告発　136
内部通報　136

内部労働市場　99-101
内容（欲求）理論　10
二次的欲求　11
日本型人的資源管理（日本型 HRM）　100-104,
　　117, 120-121, 123-124, 126, 133, 136
日本的経営　95, 98, 100
日本的特殊性論　98
人間関係資本　101
人間関係論　28, 40
人間志向行動　60
認知　19
──的不協和理論　25, 132
──モデル　28
──論　52
年功賃金　95-96, 102

【ハ行】

「ハイ・インボルブメント」モデル　44
配電器巻線実験　39
ハーズバーグ　13, 43
働きすぎ　84, 87, 93, 103
ハーバード学派　93
ハプンスタンスアプローチ　71, 81
汎適応症候群　107
パーソナリティシステム　4, 15-16
非公式集団　39, 41
非正規労働者　96, 98
ビッグファイブ　56
平等主義　100, 121
フィードラー　60
フィールド実験　28
フォードシステム　44
服従　130-132
不正行為　128
不満足要因　13
フリーライダー　91, 101-102
ブレーンストーミング　31, 34
分配公正　25
プロセスの獲得　32
プロセスの損失　32
変革論　52
偏見　80
──による差別理論　79
ベイトソン　126
ホーソン効果　39, 68

ホーソン実験 37
ホワイトカラー犯罪 129
没個性化状態 132

【マ行】

毎月勤労統計調査 85-86
マインドフルネス 115
マクレランド 11
マズロー 12
マレー 11
満足要因 13
三隅二不二 59
ミクロ組織行動論 6
ミシガン研究 59
ミルグラム 131
民主型リーダーシップ 57
無断欠勤 41
名義集団 30
メタ分析 56, 78
模擬刑務所実験 132
目標管理制度 25
目標設定理論 21
モノのシステム 3

【ヤ行】

役割演技 132

役割荷重 123
役割葛藤 112, 121
役割の曖昧さ 113, 121, 123
役割理論 112, 121
有給休暇 86-87, 89, 91
ユーストレス 108-109, 123
欲求 10
　　──階層説 12

【ラ行】

ライフテーマ 68
リカート 43
リーダー 50
リーダーシップ 49, 55
　　──効果性 51, 55
　　──代替性仮説 62
　　──の発生 51, 55
ルーマン 3
連結ピンモデル 43
レヴィン 28, 57-58
労働時間 84
労働の人間化 42
労働力調査 85-86
労働力率 78
ロック 21

## 著者紹介

## 小林　裕（こばやし・ゆたか）

1978年　東北大学大学院文学研究科博士前期課程修了
1984年　東北大学大学院文学研究科博士後期課程満期退学
　　　　労働省（現厚生労働省），法務省，祇園寺学園短期大学講師，
　　　　東北学院大学教養学部講師，助教授を経て
現在　　東北学院大学教養学部教授　博士（文学）（東北大学）
専門分野　組織心理学　人的資源管理論

主著　「日本企業のキャリアシステム—機会と公正の社会心理学—」
　　　（白桃書房，2004），「企業の人的資源管理システムと従業員
　　　の職務態度の関係—公正風土のマルチレベル媒介効果の検
　　　証—」（経営行動科学学会第20回大会優秀賞，2017），「戦略
　　　的人的資源管理の理論と実証—人材マネジメントは企業業績
　　　を高めるか—」（文眞堂，2019）

### 組織を生きる・活かす心理学
——組織心理学入門——

2020年4月15日　第1版第1刷発行　　　　　　　　　　検印省略

　　　著　者　小　林　　　　裕

　　　発行者　前　野　　　　隆

　　　発行所　株式会社　文　眞　堂
　　　　　　　東京都新宿区早稲田鶴巻町533
　　　　　　　電　話 03（3202）8480
　　　　　　　F A X 03（3203）2638
　　　　　　　http://www.bunshin-do.co.jp/
　　　　　　　〒162-0041 振替00120-2-96437

製作・モリモト印刷
©2020
定価はカバー裏に表示してあります
ISBN978-4-8309-5084-1　C3034